DESIGN
デザイン経営の実行

ブランド力、イノベーション力を劇的に向上させる源泉とは何か？

クラスコグループ代表
小村 典弘
YOSHIHIRO KOMURA

現代書林

はじめに

昨今、世界的企業であるアップル、ダイソンなどの名だたる企業が「デザイン経営」を導入することで業績を伸ばしている。これは、グローバルなビジネスシーンの大きなトレンドといって間違いないだろう。

しかし、日本企業においては、「デザイン経営」を導入している企業は約15％とまだ少ない。このままでは、日本企業は世界のビジネストレンドから取り残される危険性が十分にある。

そこで、経済産業省は、２０１８年5月23日に「デザイン経営宣言」を発表し、日本の経営者に対して、早急にデザイン経営を事業の中核に導入することを促す動きを見せている。

時代の変化に伴い、経営者に求められる資質の変化が起きている。

経営者に求められる資質の変化

今まで	→	これから
1位　統率力		1位　イノベーションへの気概
2位　本質を見抜く力		2位　変化への柔軟性
3位　強烈な意志		3位　本質を見抜く力
4位　人心掌握力		4位　ビジョンを掲げる力
5位　胆力（覚悟、腹の据わり方）		5位　過去からの脱却

今までは統率力が求められていた。これからはイノベーションへの気概が求められている。現役取締役、執行役員へのアンケートでは、変化することが経営に必要だという認識を持つ経営陣が多いということがわかる（上図）。

時代は、間違いなく大きな変革期が訪れている。日本は少子高齢化により、人口減に転じ、社会構造そのものに大きな変化が訪れていることは間違いないところだ。

当然、経営環境もこれまでとは変わっていることを認識しなければならない。従来と同様の仕事をしていても、集客は右肩下がりとなり、売り上げは減少するばかりである。市場が衰退していく中にあって、現状維持は衰退を意味する。

このような経営環境の変化の時代にあって、企業が存続していくためには、生産性を上げることは当然のことである。しかも、従来のやり方では、それが困難であることも間違いない。

そのためには、新たな事業やサービスへの取り組みは必須である。そのようなチャレンジができない企業は、成長が見込めないどころか、市場から放逐されることは間違いない。

少子高齢化への移行とともに、経営環境の構造変化の要素として、テクノロジーの進展にともなうＡＩとロボット技術の圧倒的流入がある。10年後には今の仕事の50％がなくなり、30年後には今の仕事の99％なくなるとの予測もある。我々は大変な時代のただなかにいるのだ。

このような未曾有の変革期において、なぜ「デザイン経営」が注目されるのか。経済産業省の「デザイン経営宣言」に目を通せば、今の時代に何が求められているのか、理解はできるだろう。

しかし、経営は目の前の現実に対する実践である。いかに知識を蓄えようとも、現場にそれをアウトプットできなければ、「絵に描いた餅」にすぎない。

我々は他社に先駆けて、いち早く「デザイン経営」に取り組み、確実に成果を挙げてきている。

当社の取り組みを明らかにすることにより、これからの時代に対して対応を日夜考えておられる経営者ならびに経営幹部に少しでもお役に立てるものと思い、本書の執筆を決断した。

本書が読者のビジネスの現場において、多少なりともお役に立てることを心より願っている。

２０１９年10月吉日

クラスコグループ代表　小村典弘

デザイン経営の実行　目次

PART 5 課題の発見からイノベーションへ

PART 6 アイデア発想17メソッド

PART 1 時代の変化と「デザイン経営」

1 いま、なぜデザイン経営なのか

「デザイン経営」についての書籍が書店の一角をしめる様相であっても、「デザイン」と「経営」がつながらないという経営者の方が多いのではないだろうか。

私の理解しているところで簡単に説明してみよう。

そもそも「なんで、経営にデザインが必要なのか」と素朴に思われるのではないか？

私も当初は、そのような疑問にぶつかった記憶がある。

だから、「デザイン経営」なり「デザイン思考」などという言葉に出くわすと、頭の中に「？」という記号が多数浮かびあがる。

従来のビジネスにおける意思決定というのは、論理的思考によって行われていた。言い換えれば「サイエンス重視の意思決定」ということになる。

つまり、ビジネスにまつわる様々な要因を「分析」し、「理性」による「論理」によって決定していた。それで、ある程度の正解と思われる結論を出し、そこで意思決定する。それが当然のことと思われていた。

一体それで何が問題なのか、と思われる向きもあるだろう。だが、それは過去の話である。

我々が生きている現在は、過去の経験や尺度が通用しない時代である。その大きな要因は、言うまでもなくＩＴ技術の進展による経営環境の激変である。市場が変わり、消費者のニーズが変わり、社会システムが変わるなど、さまざまな変動要因がある。

こうした時代の意思決定は、従来の「サイエンス重視の意思決定」では、かえって判断を誤る危険性があるということである。

ベストセラーとなった『世界のエリートはなぜ「美意識」を鍛えるのか？』の著者、外資系コンサルタントの経験もある山口周氏は、次のように説明している。

「論理的・理性的な情報処理スキルの限界」を指摘している。その要因となるのは「正解のコモディティ化」と「方法論の限界」にあるとしている。

正解のコモディティ化とは、正解が一般化して差異がなくなることをいう。つまり、誰もが正しい情報処理により正解にたどり着くことができると、そこでは必然的に「差別化の消滅」が起こるという事態になる。

みんなが同じことをやれば、新しいことの陳腐化が促進されるということになり、正解を出しても安心できないという事態に遭遇することになる。

さらに、これからの世界において「分析的・論理的な情報処理スキル」には限界があることが指摘されている。アメリカの陸軍が世界情勢を分析するときに作られた造語に「VUCA」がある。これは、今の世界の特徴を表す「不安定」「不確実」「複雑」「曖昧」の頭文字を合わせた造語であるという。これは、世界情勢だけでなく、我々が生きているビジネスの世界にも言える特徴ではないだろうか。

このような不確定な要素がある世界を見るのに「分析的・論理的な情報処理スキル」では、歯が立たないということなのである。

ノーベル経済学賞を受賞した経済学者のロバート・ウィリアム・フォーゲルは「世界中に広まった豊かさは、全人口のほんの一握りの人たちのものであった「自己実現の欲求」

を、ほとんど全ての人に広げることを可能にした」と指摘しているという。

世界は「巨大な自己実現欲求の市場」と化しているという。そのベースにある消費者の行動原理は必ずしも「分析的・論理的」ではない。

このような市場で勝ち抜いていくためには、「精密なマーケティングスキルを用いて論理的に機械的優位性や価格競争力を形成する能力よりも、人の欲求承認や自己実現欲求を刺激するような感情や美意識が重要」になると山口氏は指摘している。

全ての消費行動がファッション化している現在、「企業やリーダーの「美意識」の水準が、企業の競争力を大きく左右すること」になるというのです。

私は、こうした時代が到来したことをいち早く察知し、いち早く経営の現場に「デザイン経営」を導入したのである。

2 時代の変化

次に、時代が変化していることを簡単に見ていこう。

①時代の変化の様相

時代が大きく変化している。

現在の第四次産業革命のスピードは、従来の産業革命の進展の比ではない。テクノロジーの飛躍的発展にともない、時代の変化、社会構造の変革は急激に起きている。従来の産業革命と比べ物にならない変革が訪れていることは、誰もが感じているところだろう。

ここで、これまでの産業革命の歴史を振り返り、我々はどのような時代にあるか、第一次産業革命から第四次産業革命について振り返ってみたい。

②第一次産業革命は機械・蒸気

第一次産業革命はイギリスから始まる。

イギリスの発明家、ジョン・ケイが手織機用にローラー付きの飛び杼《ひ》の特許を取得した。これによりたくさんの織物を織ることが可能となり、作業効率が飛躍的に向上した。さらにハーグリーヴズが「ジェニー紡績機」を、アークライトが「水力紡績機」を発明して、大量の綿糸の生産が可能となった。

次いでトーマス・ニューコメンが１７０８年、鉱山の排水のため、最初の実用的な自動式気圧機関を発明した。

その後、こうした技術の発展により、蒸気船や蒸気機関車が実用化されることとなり、海上交通や陸上交通にも新時代をもたらし、原材料と製品の輸送費が大幅にコストダウンすることになる。

③第二次産業革命は軽工業から重工業への転換

アメリカとドイツを中心に、軽工業から重工業への転換が起こる。

1885年、カール・ベンツ（ドイツ）が、単気筒四ストロークのエンジンを載せた世界初のガソリン自動車「モートルヴァーゲン号」を完成させる。この技術を応用して自動車や飛行機の実用化が進む。フォードやGMは、組み立てラインをつくることで、自動車や飛行機の大量生産を実現させていく。こうした流れの中で、アメリカのトーマス・エジソンは電球を改良して、電気を産業化していく。

第二次産業革命により、「個人」から「組織」へと、仕組みが重要視される時代へ変化していくことになるのだ。

こうした技術革新により、1800年代末には、アメリカが経済力で世界のトップに躍り出ることとなる。

④第三次産業革命は生産ラインの自動化

１９００年代後半から起こった第三次産業革命は、コンピュータを利用することで、生産ラインを自動化することができるようになる。

冷戦が終わり、アメリカの軍事技術が民間産業へ転換されたことが、産業革命のきっかけとなる。とくに成長したのは、AppleやGoogle、Facebook、AmazonなどのＩＴ企業。こうしたＩＴ技術の進展は、世界の産業構造やマーケット、消費者の意識や行動を急速に変化させていくこととなる。

今から30年くらい前に、ごく普通の人がインターネットに接続されたスマートフォンを持ち歩き、気軽に世界の情報にアクセスし、買い物をし、ビジネスを起こすことが可能な世界が現出することを予測できた人はいなかっただろう。50年前の80歳の老人よりも現代の小学生のほうがはるかに多くの情報量を得ているといわれる。

⑤第四次産業革命はAIによる製造業の革新

第四次産業革命は、ＩoＴやＡＩ（人工知能）による製造業の革新と言われる。

ＩoＴはInternet of Thingsの略で、「モノのインターネット」と呼ばれている。あらゆるモノがインターネットとつながることで、相互に制御するシステムをさす。

人工知能により、コンピュータを内蔵した機械自身が自分の判断で動くことができるというシステムが確立された。これにより生活から産業まで、デジタル化・コンピュータ化が一層加速化することとなる。

第四次産業革命により、入力作業やオペレーティングの様々な仕事が自動化されていく。それにより企業の生産性向上が実現できることとなる。

労働時間や労働環境の向上、労働負担の軽減など働く人にとっても良い点もある。しかし、同時に仕事を機械に奪われる可能性もあるが、少子高齢化による労働力の不足を補うことは間違いない。

⑥現在は第四次産業革命の真っ只中

米デューク大学の研究者であるキャシー・デビッドソン氏が、2011年8月のニューヨークタイムズ紙インタビューで語った。

「2011年度にアメリカの小学校に入学した子どもたちの65％は、大学卒業時に今は存在していない職業に就くだろう」

16年後には現在の65％の職業がなくなる、と予測されているのである。65％の職業がなくなるかもしれない変化の激しい時代、生き残るためには顧客に向き合い、変化していくことが条件になるということである。

顧客に向き合い、それに対応する変化ができなければ、時代に置いていかれるだけでなく、企業として存続できないことになるだろう。

3 顧客の変化

ビジネスは何よりも顧客をいかにつかんでいくか、にかかっている。

顧客に向き合うことが、生き残りをかけた最重要事項であるのは当然である。

顧客の変化について概観していこう（次ページ図）。

１９００年代の顧客は製品や機能重視だった。新しい機能が追加されると、それにともない商品が売れるようになる。例えばテレビＣＭで「○○馬力の新車が登場」「最新技術の○○を追加した○○の誕生」と強調すると、顧客は消費行動に走るという具合だ。

機能がどんどんと追加され、そのような新製品が続々と供給されていた時代だった。企業はこぞって新しい機能を開発してリリースして、販売数を増やしていった。

１９５０年頃からはブランドやデザインが重視される時代へと変化していく。付加価値

顧客の変化

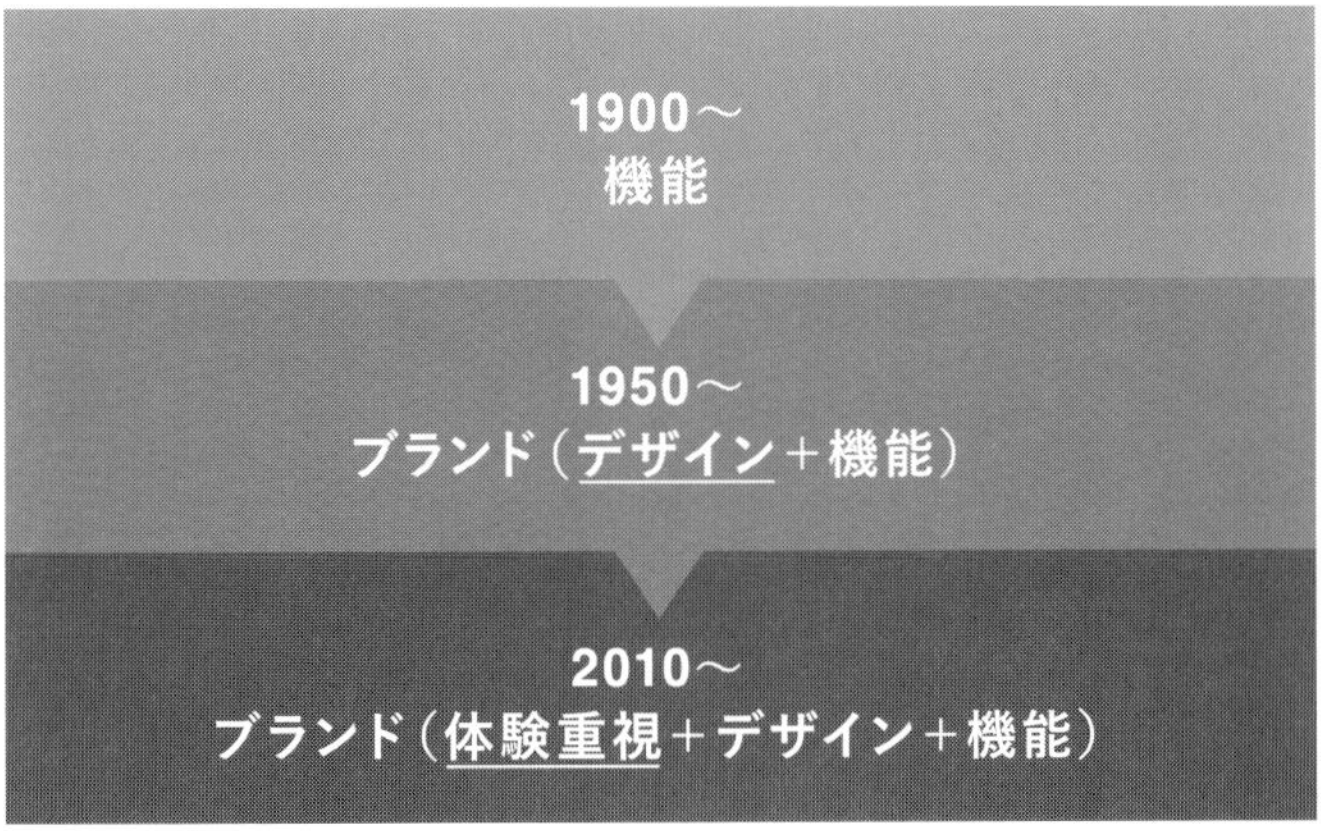

をともなう製品が増えてくると、顧客はこのブランドなら安心、デザインがかっこいいなどと差別化された製品に付加価値をおくように、消費者心理に変化が見られるようになった。ブランドのイメージが出来上がってきていた時代である。

2010年頃になると、体験重視型に変化していく。顧客の接点（タッチポイント）を良いものにするために構想し、顧客の心を掴むために、顧客体験をアップデートし続けることで、そのブランドのファンになってもらう手法である。

市場が未成熟で、商品アイテムが少なく、商品の優位性がある市場では、商品が主体的なものでも売れる。しかし、市場が成熟して商品で溢れ返っている市場にあっ

顧客が中心のモノづくりサービス

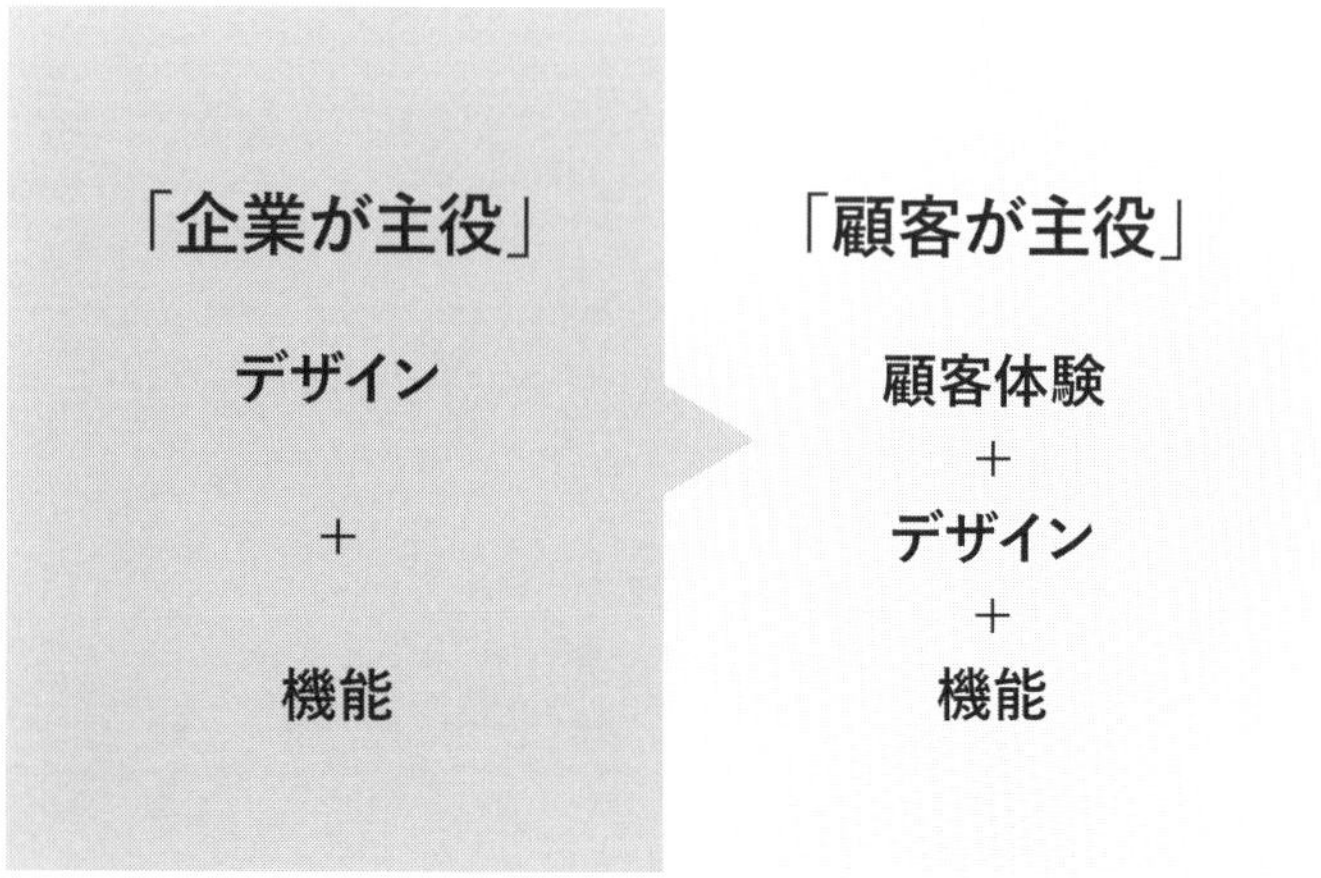

ては、顧客が優位になり、顧客体験を重視した商品づくりが必要になってくる。

日本は少子高齢化社会に突入し、人口減少してくる中で、企業は顧客が中心のモノづくりサービスが必要になってくる（**上図**）。

企業が顧客に向きあうことで、どのように顧客にファンになってもらうかを徹底的に考える必要がある。顧客とのタッチポイントをブラッシュアップし、顧客をファンにしていくことをどんどん実行していける企業が勝ち残れる企業となる。顧客をファンにすることで、その企業の商品やサービスを頼まれなくてもＳＮＳなどで発信したり、口コミで広めてくれるようになる。

PART 2

ブランド力、イノベーション力が向上する「デザイン経営」

4 「ブランド力」「イノベーション力」とは何か

ブランド力とは、そのブランドが持つ魅力。創業から培ってきた企業や製品に対する良いイメージである。

本来の意味でのブランド力とは、顧客がその商品を気に入り、同じ会社の商品を繰り返し購入するうちに、次第に「この会社の商品であれば大丈夫だ」「高くてもこの会社の商品が買いたい」といった気持ちになった状態のことである。

一方、イノベーション力（innovation）とは、物事の「新結合」「新機軸」「新しい切り口」「新しい捉え方」「新しい活用法」（を創造する行為）のこと。

一般には新しい技術の発明を指すと誤解されているようだが、それだけではなく、新しいアイデアから社会的意義のある新たな価値を創造し、社会的に大きな変化をもたらす自発的な人・組織・社会の幅広い変革を意味する。

つまり、それまでのモノ・仕組みなどに対して全く新しい技術や考え方を取り入れて、新たな価値を生み出して社会的に大きな変化を起こすことを指す。(「ウィキペディア」)

では、ブランド力とイノベーション力が求められる背景とは何か？

すべての商品がコモディティ化（目に見える品質での開発競争が限界に達して差別化が困難となり、価格のみが価値判断の基準となる状態）の脅威にさらされている昨今、差別化の源泉を「ブランド力」に求める企業が増えている。

第四次産業革命の真っ只中にあって、顧客満足を高めるために、イノベーションを起こすことができないということは、企業の存続に関わる。

したがって、ブランド力とイノベーション力を高めることは、今後の企業経営にとって必要欠くべからざるものといえる。

このブランド力とイノベーション力を高めるうえで最も適している手法が、「デザイン経営」といえる。

では、「デザイン経営」とは何なのか？

5 デザイン経営の役割

日本は現在、労働人口の減少局面を迎え、世界のメイン市場としての地位を失いつつある。さらに、第四次産業革命により、あらゆる産業が新技術の荒波を受け、従来の常識や経験が通用しない変革期を迎えようとしている。

そこで生き残るためには、顧客に真に必要とされる存在に生まれ変わらなければならない。

そのような中、規模の如何を問わず、世界の有力企業が経営戦略の中心に据えているのがデザイン経営である。いまの日本では、経営者がデザインを有効な経営手段として認識しておらず、グローバル競争環境での弱みとなっている。デザインは、企業が大切にしている価値、それを実現しようとする意志を表現する営みなのである。

それは、個々の製品の外観を好感度のいいものにするだけではない。顧客が企業と接点を持つあらゆる体験に、その価値や意志を徹底させ、それが一貫したメッセージとして伝わることで、他の企業では代替できないと顧客が思う。そこにブランド価値が生まれる。

さらに、デザインはイノベーションを実現する基になる。なぜか？　デザインは、人々

DESIGN

企業が大切にしている価値
それを実現しようとする意志

が気づかないニーズを掘り起こし、事業にしていく営みでもあるからだ。

供給側の思い込みを排除し、対象に影響を与えないように観察する。そうして気づいた潜在的なニーズを、企業の価値と意志に照らし合わせる（上図）。誰のために何をしたいのかという原点に立ち返ることで、既存の事業に縛られずに、事業化を構想できる。

このようなデザインを活用した経営手法を、「デザイン経営」という（経済産業省・特許庁）。

6 発明とイノベーションをつなぐデザイン

日本では、イノベーションは「技術革新」

イノベーション＝「技術革新」

↓

イノベーション＝発明を実用化
→ 社会を変える

と翻訳されてきた。その「技術革新」は、研究開発によって新しい技術を生むこと、つまり発明（インベンション）とほぼ同義のように考えられているのではないか。

しかし、イノベーションの本来の意味は、発明そのものではなく、発明を実用化し、その結果として社会を変えることだとされている（**上図**）。

革新的な技術を開発するだけでイノベーションが起きるのではなく、社会のニーズを利用者視点で見極め、新しい価値に結び付けること。すなわち、デザインが介在して初めてイノベーションが実現する。

このプロセスを知財の観点からたどると、発明が行われると特許が出願され、その発明が商品化され市場に投入できるようになり、そうすると意匠が登録される。ダイソン、アップルなどの企業は、特許出願が増えた後に意匠登録が増えるのに対し、日本企業の多くでは、１９８０年代に盛んだった意匠登録が１９９０年代以降は低迷している。

7 産業とデザインの遷移

日本の産業が世界をリードしている分野は、ハードウェア・エレクトロニクスの組み合わせ領域が中心だったが、いまや世界の主戦場は第四次産業革命以降のソフトウェア・ネットワーク・サービス・データ・ＡＩの組み合わせ領域に急速にシフトしつつある。そして、これらインターネットに接続された製品やサービスにおいては、顧客体験の質がビジネスの成功に大きな影響を及ぼすようになった。

そのため、顧客体験の質を大幅に高める手法としてのデザインに注力する企業が、急速に存在感を高めている。デザインは、①顧客と長期にわたって良好な関係を維持するためのブランド力の創出手法、②顧客視点を取り込んだイノベーションの創出手法として活用されるようになった。デザインは、まさに産業競争力に直結するものとなった。

8 ネットワークとデータがすべてを飲み込む時代

データやＡＩを活用したビジネスが、社会に浸透しつつある。ネットの利用時間も一日平均３時間に迫っている。携帯端末のみならず各種の製品・部品に活用が広がるセンサーは、近い将来１兆個を突破するとの予測がある。

モノをインターネットでつなぐ「ＩｏＴ」（Internet of Things）に続き、まもなく、ネットワークとデータがすべてを飲み込む時代が到来する（次ページグラフ）。

この時代のイノベーション競争をリードするグローバル企業は、質の良い顧客体験を設計するために、顧客やセンサーによって得られたビッグデータを活用してサービスの改善・拡張を速いスピードで進めている。

製品やＵＩ（ユーザーインターフェース）だけでなく、プラットフォームやデータを精緻にデザインし、高度な技術と組み合わせることで、競争力の高いビジネスモデルを築いていると言える。

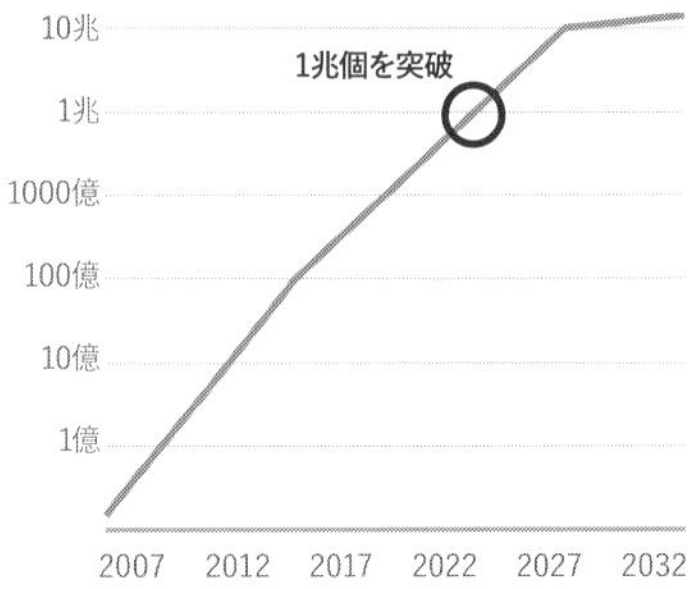

センサーの数が1兆個を超える

2014年頃に世界で使われたセンサーは年間約100億個。1兆個は2014年の100倍の規模にあたる。

出典:経済産業省・特許庁 産業競争力とデザインを考える研究会『「デザイン経営」宣言』(2018) NEハンドブックシリーズセンサーネットワーク(ローム社)を基に特許庁作成

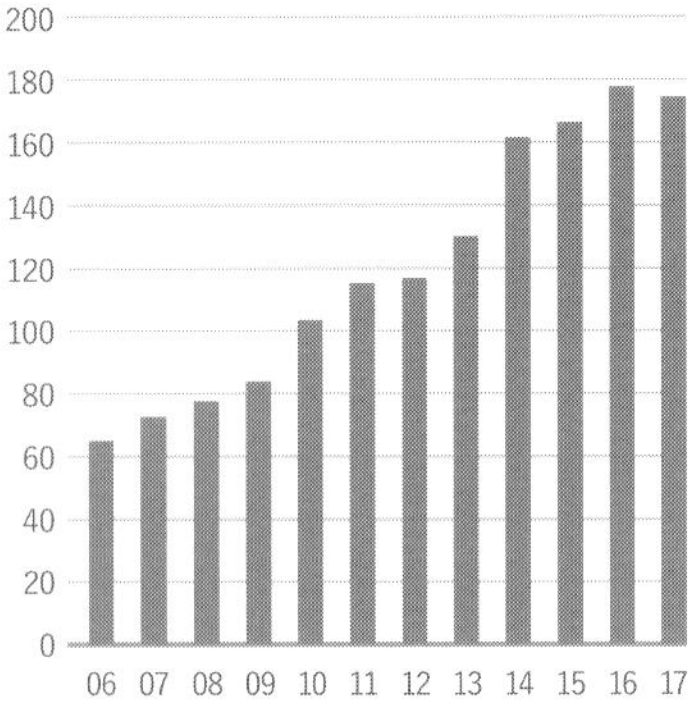

平均3時間のネット利用

メディア総接触時間におけるデジタルメディアのシェアは年々拡大。携帯電話・スマートフォン・タブレットのシェアは合計で30%を占めている。

出典:経済産業省・特許庁 産業競争力とデザインを考える研究会『「デザイン経営」宣言』(2018) 博報堂DYメディアパートナーズ「博報堂DYメディアパートナーズ『メディア定点調査2017』時系列分析より」を基に特許庁作成

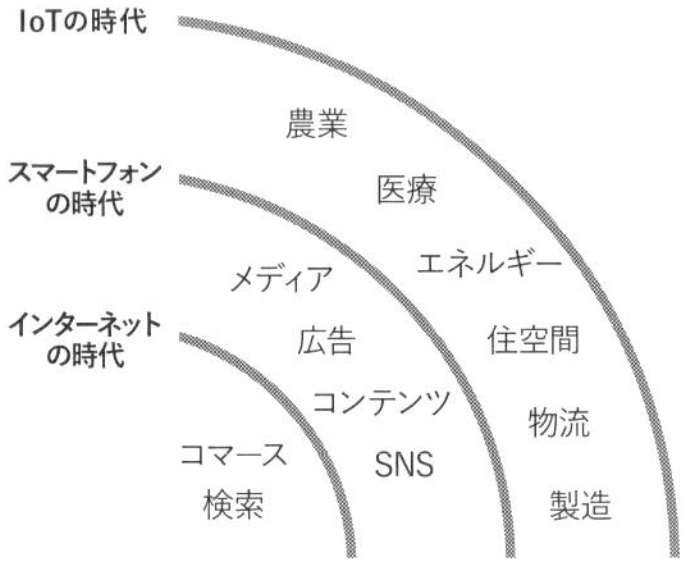

すべての産業にネットが波及

インターネットの時代から、スマートフォンの時代、IoTの時代を経て、ネットワークとデータは幅広い事業領域に浸透していく。

出典:経済産業省・特許庁 産業競争力とデザインを考える研究会『「デザイン経営」宣言』(2018)

9 デザインの投資効果

「デザイン経営」は、そのリターンに見合うのだろうか？　欧米では、デザインに投資する企業パフォーマンスについての研究が盛んに行われている。そのことは、デザインに投資する企業が良いパフォーマンスを発揮していることを示す。

例えば、British Design Councilは、デザインに投資すると、その4倍の利益を得られると発表した。また、Design Value Indexは、S&P500全体と比較して過去10年間で2・1倍成長したことを明らかにした（次ページ図）。

その他の調査を見ても、「デザイン経営」を行う会社は高い競争力を保っていることがわかる。これがデザインを取り巻く世界の常識となっている。一方、日本の経営者がデザインに積極的に取り組んでいるとは言い難い。

クリエイター向けの採用サイトを運営するビビットは、全国の企業を対象に行った「デザイン経営」および「デザイン思考」に関する意識調査の結果を発表した。これによると、導入した中小企業の70％が「デザイン経営」および「デザイン思考」の効果を実感したというが、日本では、まだデザイン経営導入企業は15％未満という現状である。

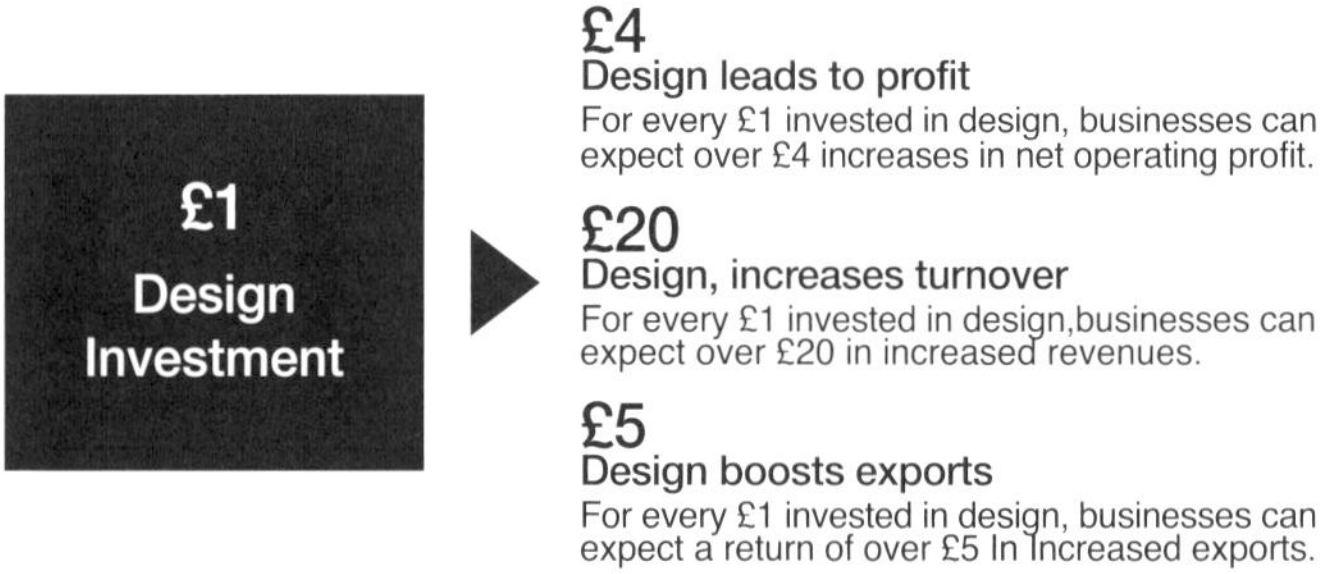
£1
Design Investment
£4
Design leads to profit
For every £1 invested in design, businesses can expect over £4 increases in net operating profit.
£20
Design, increases turnover
For every £1 invested in design,businesses can expect over £20 in increased revenues.
£5
Design boosts exports
For every £1 invested in design, businesses can expect a return of over £5 In Increased exports.

4倍の利益

£1のデザイン投資に対して、営業利益は£4、売上は£20、輸出額は£5増加

出典：経済産業省・特許庁 産業競争力とデザインを考える研究会 『「デザイン経営」宣言』 2018年 British Design Council "Design Delivers for Business Report" (2012)を基に特許庁作成

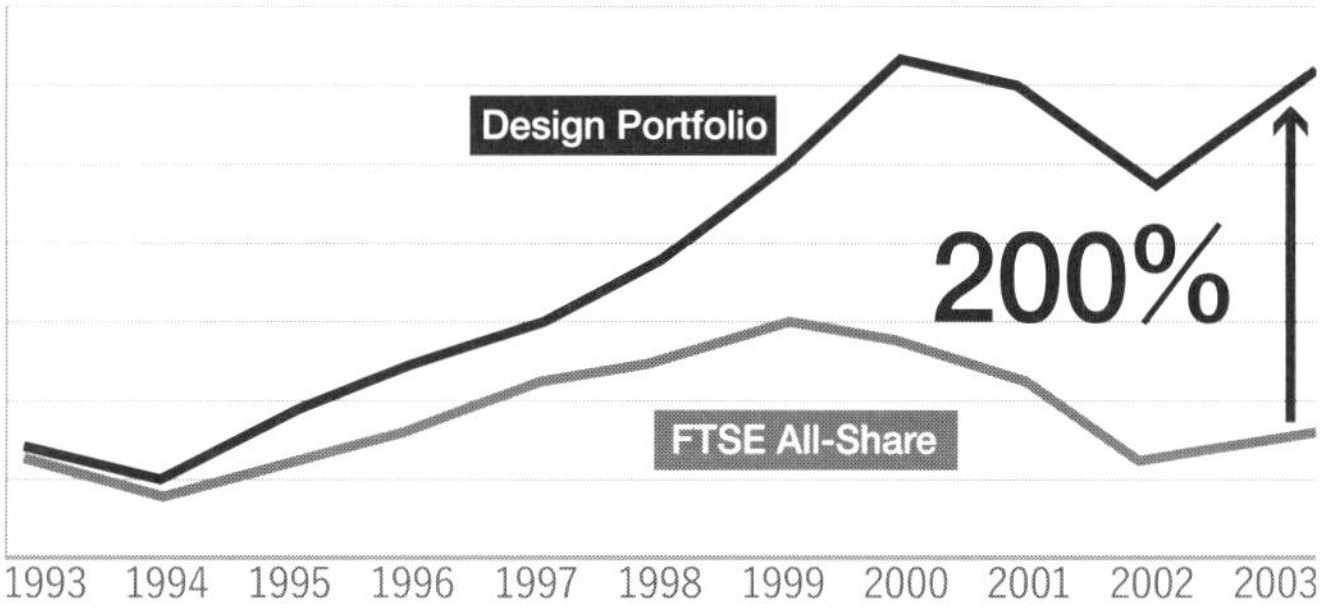
Design Portfolio
200%
FTSE All-Share
1993
1994
1995
1996
1997
1998
1999
2000
2001
2002
2003

2倍の成長

デザイン賞に登場することの多い企業(166社)の株価は、市場平均(FTSE index)と比較し、10年間で約2倍成長

出典：経済産業省・特許庁　産業競争力とデザインを考える研究会 『「デザイン経営」宣言』 2018年 British Design Council "The impact of Design Delivers for Business Report" (2012) を基に特許庁作成

PART 3 クラスコの「デザイン経営」の実行

10 クラスコの「デザイン経営」

クラスコでは、「デザイン」という言葉を以下のように定義している。

デザインという言葉はアート的な言葉の意味合いもあるが、ここでのデザインが意味するところは「問題を解決する」ということである。

デザインには、次の3つの意味を持たせている（次ページ図上）。

①クリエイティビティ（構想）して、
②テクノロジーを活用、ないものは開発し、エンジニアリング（実現）すること、

クラスコデザインの定義

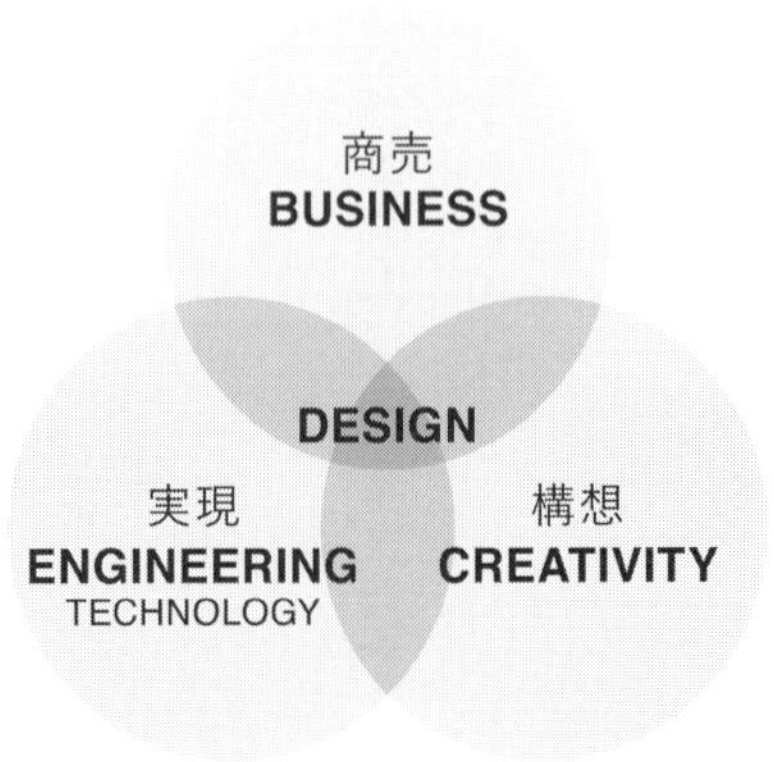

出典：IDEO.org『The Field Guide to Human-Centered Design』(2015)から著者が加筆

問題解決するデザイン経営

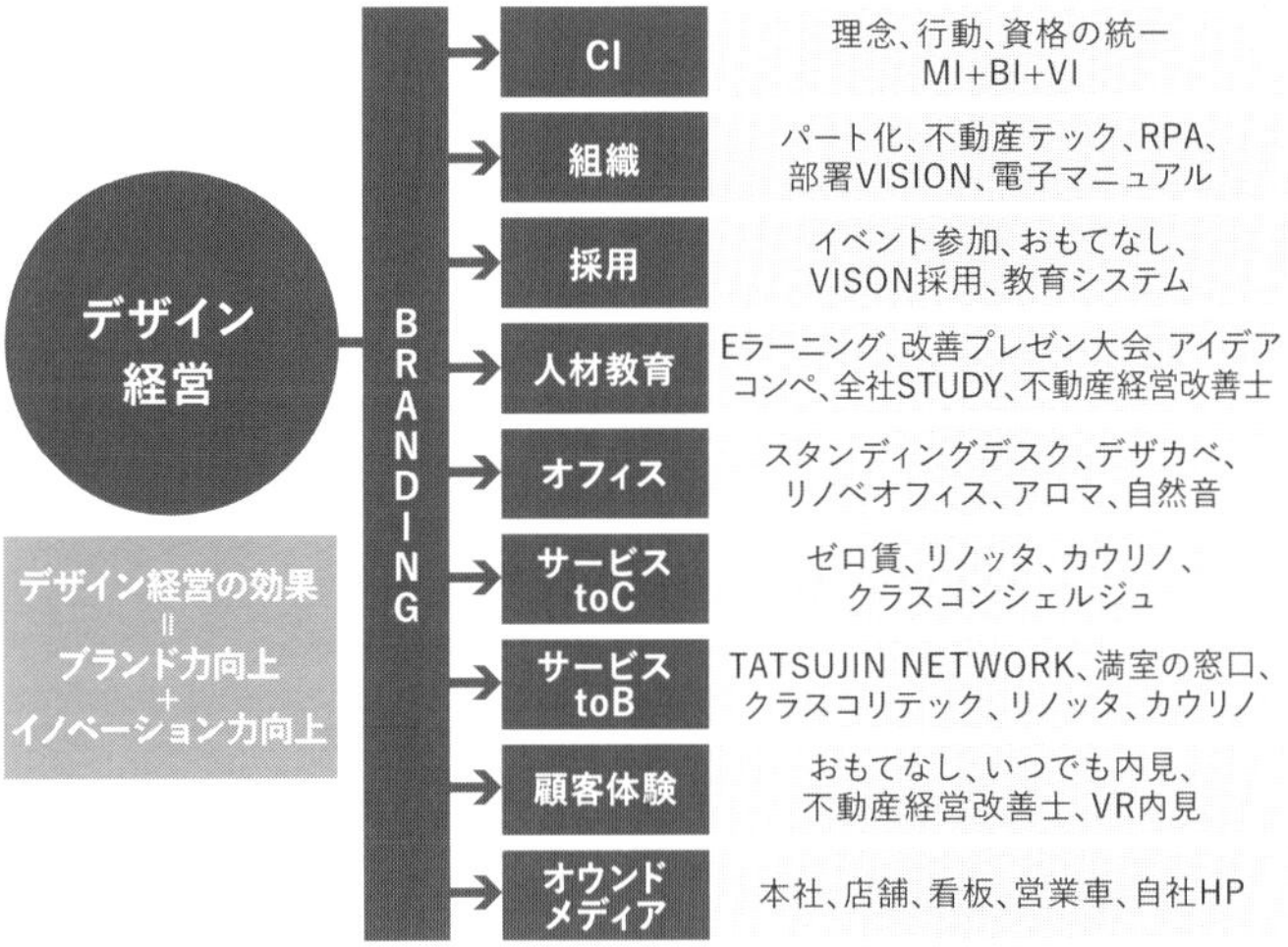

③ビジネス（商売）として成り立たせること。

この3つを総合して「デザイン」という。もしも、それがビジネスとして成り立たないならば、お客様に継続してサービスができないということになり、デザインが成立していないことになる。

問題解決を「ビジネス×クリエイティビティ×エンジニアリング」の3つで実現できるということがクラスコのデザインの定義である。

クラスコのデザイン経営ではCI（コーポレート・アイデンティティ）、組織、人材採用、人材教育、オフィス、サービス、顧客体験、オウンドメディアという、すべてにわたり問題解決するデザイン経営である（**前ページ図下**）。

11 会社の目指すところを明確にする

クラスコの目指すビジョンを実現するために、ミッションがある。このミッションの実現のために、行動規範（スタッフの行動や働き方、考え方の教育）があり、日々スタッフは行動規範を守り、ビジョンを実現するために日々仕事を遂行する。

クラスコのデザイン経営の構造

ビジョンを実現するためには、それが顧客へのサービスまで繋がっている。

クラスコのデザイン経営は、**上図**のように逆ピラミッド構造になっている。

ビジョンが商品、顧客サービスにまでしっかりと繋がっていないと、スタッフはビジョン実現の行動がとれなくなる。顧客に対してのサービスの向上もビジョンとズレがでてこないように、すべて言語化、ビジュアル化していることが大事になる。

以前のクラスコでは、仕事は人任せ、仕組みもなく、個人のスキルに頼っていた。「○○さんがいないとわからない」ということも多く、人に依存する仕組みで、付加価値の低い仕事に追われるというのが実情であった。

オペレーション・システムの変化

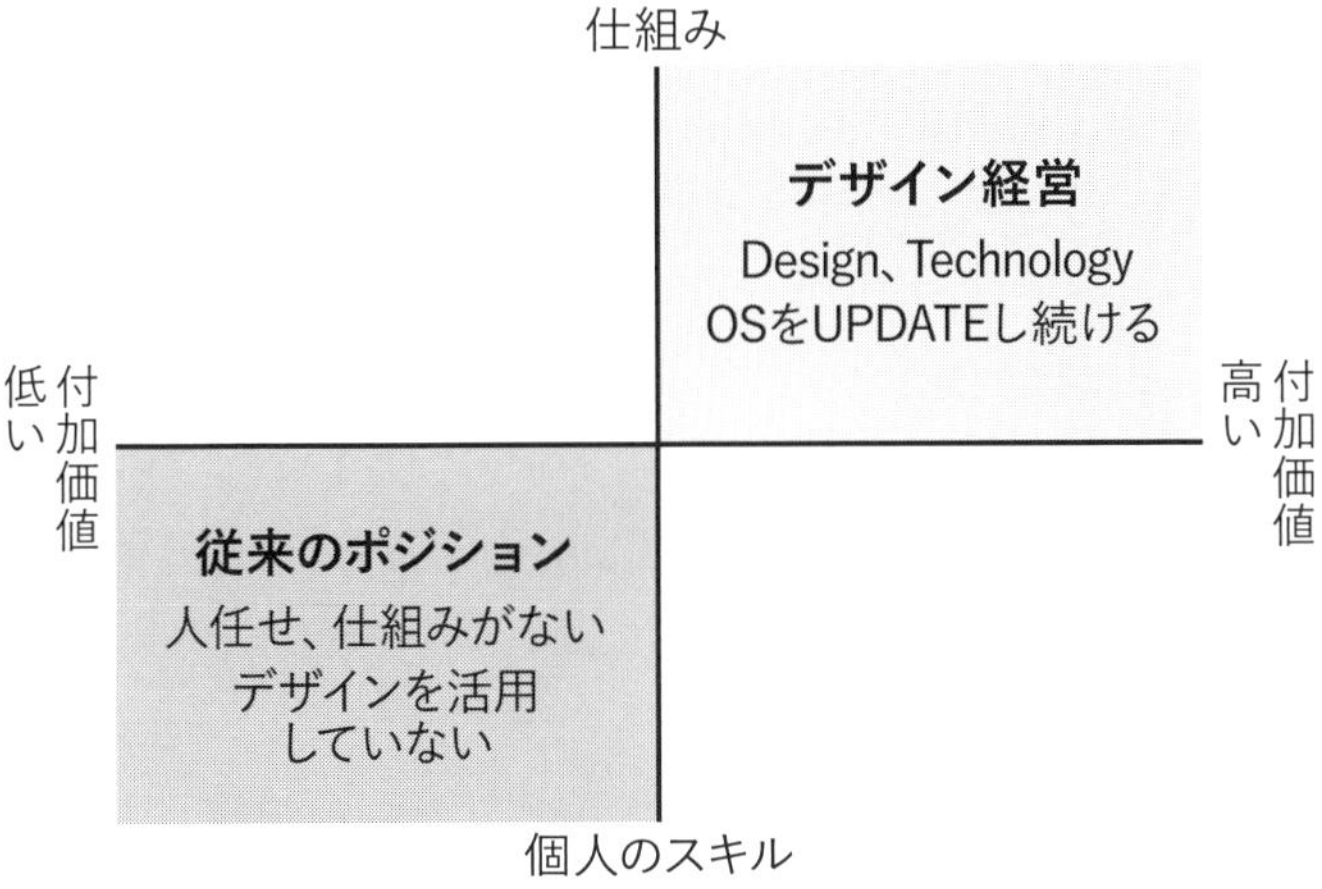

業務改善を行い、仕組み化を進めていくことで、デザインの力とテクノロジーの力を駆使することにより、付加価値の高い仕事のボリュームを増やすことができるようになっている。デザインとテクノロジーを活用し、クラスコのオペレーション・システムを常にアップデートし続けている（上図）。

12 クラスコのオペレーション・システム

クラスコの個々のオペレーション・システムについて、もう少し詳しく説明しよう（次ページ図）。

●ビジョン

会社の進む方向性を言語化、ビジュアル

クラスコのオペレーションシステム

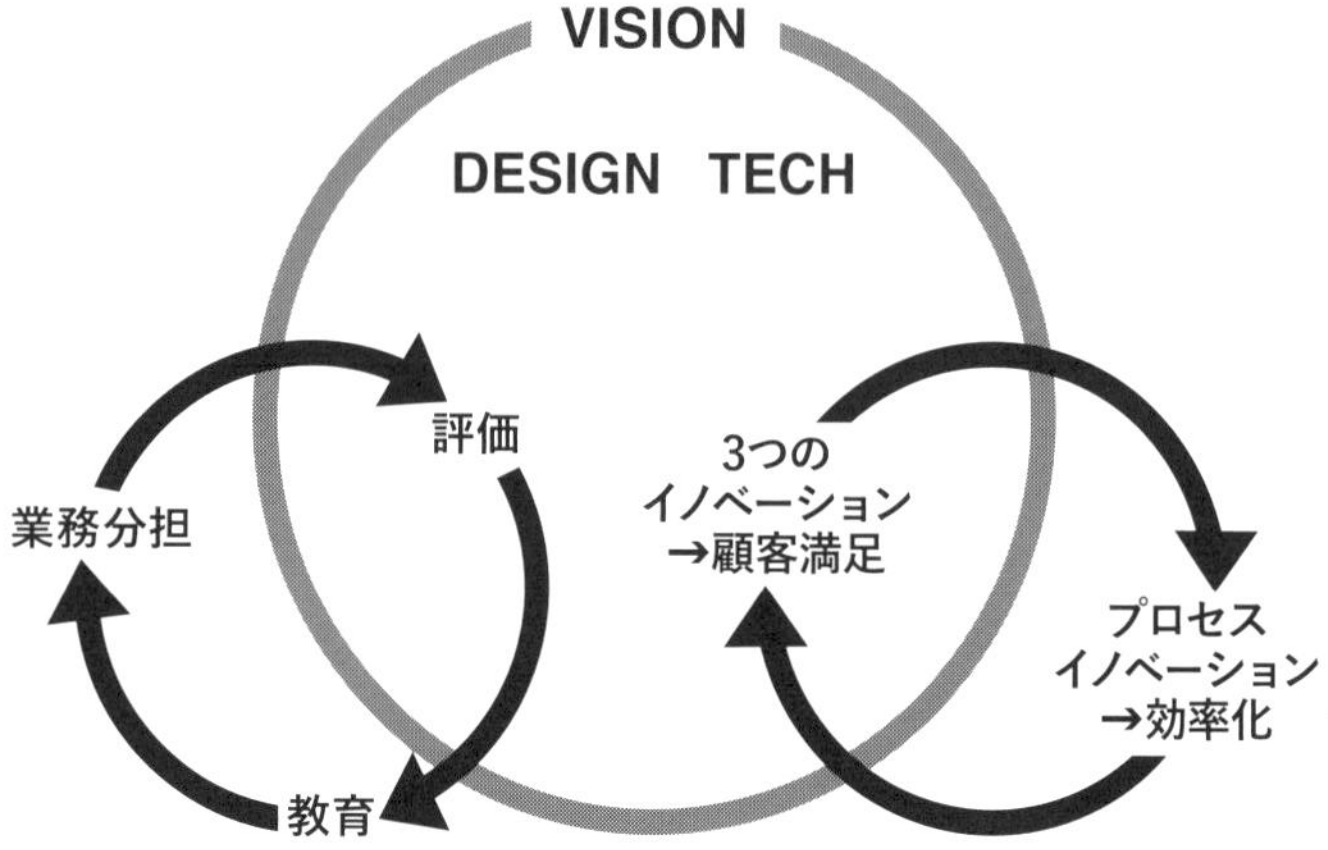

化して、全てのスタッフが共有化できるように明確化している。会社がどこに向かうのか、何を目的に存在しているのか、経営幹部のみならず全てのスタッフそしてお客様にも明確に示している。

ビジョンがあることで、この会社はどこを目指しているか伝わる。言葉やビジュアル化の威力は強い、ビジョンが様々なことを引き寄せる力がある。人や物などが集まる力を感じている。

●教育

電子マニュアルがパソコンやスマートフォンによって、いつでも、どこでもアクセスすることができるようになっている。業務マニュアル、トーク・スクリプトなど業務にかかわる必要な一切をアップ。必要になったものは常にアップデートされている。業務に必要なことを常に学ぶことができることにより、新入社員や未経験のスタッフでも短期間にスキルアップを図ることができる。

・e-ラーニング

教育プログラムの配信を動画で行っている。1300を超える教育動画を準備している。配属先に必要な動画をプレイリストとして閲覧できる。誰がどれだけ視聴しているかという進捗管理もできるので、総務やリーダーも使い勝手がよい。

個人のやる気によって、自分の興味ある動画も見てどんどん勉強できるようになっている。成長意欲ある人は自主的に学ぶことにより成長スピードを早め、短期間に見違えるようにスキルアップしている。

また、自分の成長度合いを診断できるよう、各動画に確認テストがついており、80点を超えないと次の動画に移れないようになっている。必然的に実践につながる学習となっている。

・行動指針

中核になる6アクションと大事な約100項目近くに及ぶ行動指針をまとめた教育プロ

グラムが充実している。社内での勉強会や朝礼時に活用して行動指針を浸透させ、全てのスタッフが実践できるように日々研鑽を怠らないようにしている。

●プロセス・イノベーション（主体性創造の仕組みづくり）

プロセスを分析し、改善していくことにより、クラスコのオペレーション・システムが常に更新されていくことになる。

スタッフのモチベーションを上げること、特に非主体的なやらされ感ではなく、主体性をもって働く仕組みづくりを行っている。

年に1回映画館を貸し切りでプレゼン大会を行う。また、アイデア・コンペを行うことで、スタッフ自身がスポットライトを浴びてプレゼンテーションをすることにより、主体性を育成する機会を設けている。実際にこのイベントは5年目を迎え、1年で452件の改善が実行されるまで成長している。

このプレゼン大会は同業者にも広がりを見せ、当社のイベントを参考に同様のプレゼン大会を行う企業が増えた。その流れから全国大会へと発展して、業界の躍進にも一役買っている。

●**評価**

役職ごとに求められるスキル、成果を言語化して、評価を明確にしている。それによって、各自が向かうべき方向性が明確になり、いま自分がなすべきことは何かを自覚することができる。その結果、評価も明確になるので、モチベーションを常に高いレベルで維持することができる。

また、給与体系も会社の業績連動の仕組みとなっており、どのようなスキルで、どのような役職だと年収がどれだけか決まっている。評価に対する不満を最小にすることに繋がっている。

●**業務分担**

仕組みが整っていない不動産会社では、業務が属人的になり、仕事のできる人とできない人では、歴然と差ができる。その結果、特定の人間に仕事が集中し、社内における業務のバランスがきわめて不均衡になってくる。

さらに多数の業務をこなしている人が退職してしまうと、引継ぎもスムーズにできないため、その後の業務に支障をきたすことにもなりかねない。

クラスコでは、そのような事態に陥らぬよう、すべての業務を言語化し、見える化した「業務分担表」を作成しており、引継ぎもスムーズに行えるようになっている。担当者、頻度、難易度、業務内容を記載することで、すべての業務を見える化することができる。見える化することで、誰がどれだけの業務を担当しているか、業務バランスも理解できる。業務分担表を社員教育としても活用できる。

次のステップでは、この課題を習得するように計画して、各自がステップアップする指標として活用している。

仕事の難易度を明確にしておくことで、難易度が低いものはパート化していけるので、自動的にパート化が進み、生産性が向上する。クラスコでは以前は1割未満だったパート率が、現在4割に上がることで、人手を増やしながら労働分配率も10%下がり、社員は生産性の高い業務を遂行することができるようになり、生産性が高まっている。

(※ワークサプリ=Webサイトの記事に業務分担表のイメージがあるので、ご参照いただきたい)

・評価報酬との連動

ビジョン、教育と評価、そして報酬も連動させていくことが大事になる。すべてが連動していないとパワーが分散してしまい、ビジョンの実現が遠のいてしまう。

評価報酬との連動

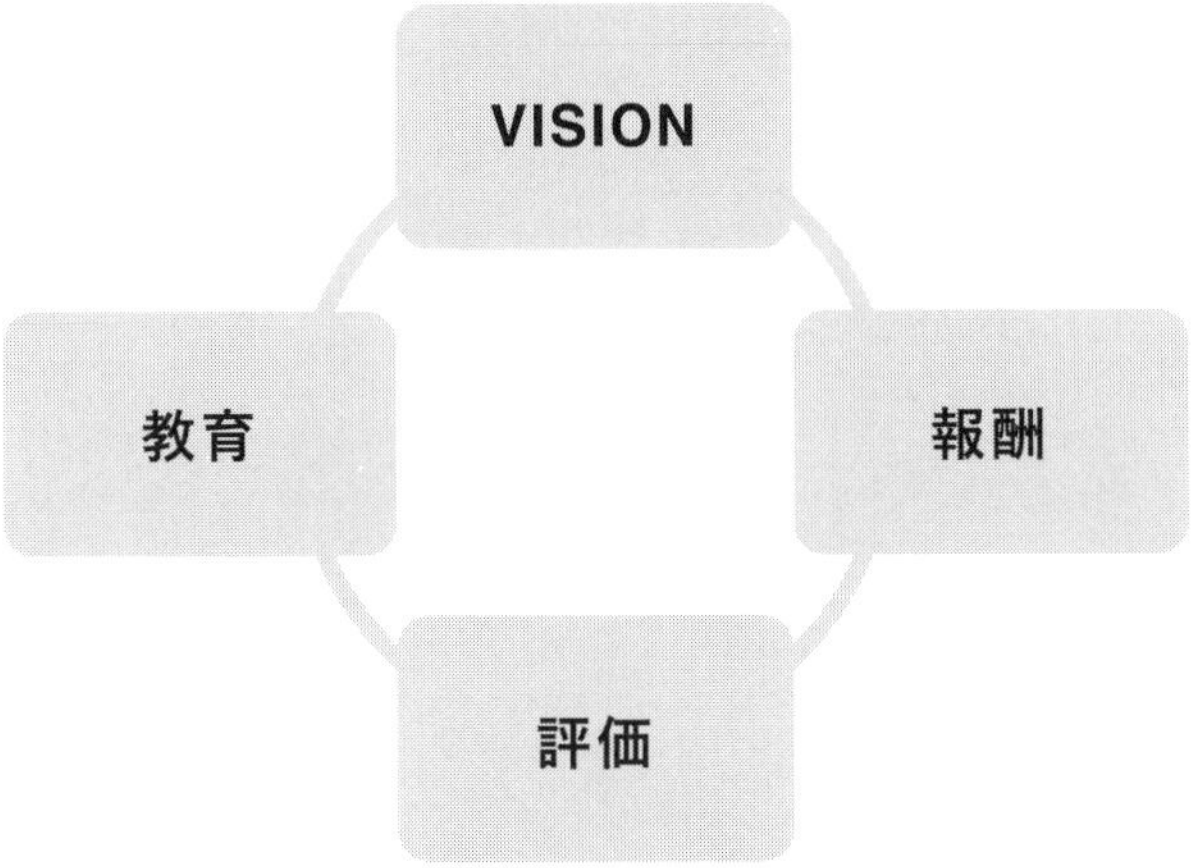

また、会社も自分もどこに向かっているのかわからなくなってしまい、ひいてはスタッフのモチベーションダウンにも繋がりかねない。

だからこそ――、

①ビジョンに合致した教育システム
②ビジョンと教育に合致した評価システム
③ビジョンと教育と評価に合致した報酬システム

この3つすべてがビジョンに合致するように構築することが大事である（上図）。

●顧客満足を高めるため3つのイノベーション

顧客満足を高めるために、次の3つのイノベーションで顧客満足を獲得している

顧客満足を高めるための3つのイノベーション

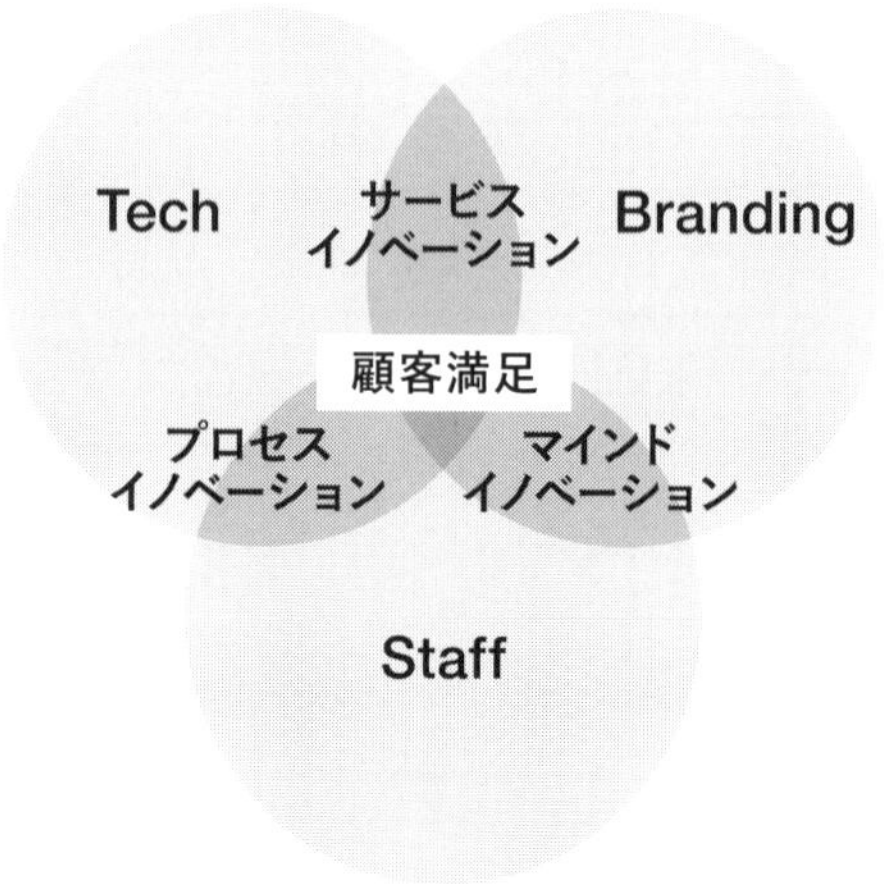

（上図）。

①ブランディング（インナー・ブランディング）×スタッフ＝マインド・イノベーション

インナー・ブランディングでスタッフのマインドを育てる。

会社のビジョン実現のために必要なマインドを育てることで、顧客満足を実現する。ビジョンの実現のための行動規範やミッションを社内に浸透させることを徹底することで、社風がビジョンに向かうように変わっていく。

②スタッフ×テクノロジー＝プロセス・イノベーション

生産性向上を実現する。テクノロジー開

発をし、導入している。アナログからデジタルシフトすることで、生産性を向上することが可能である。二度手間や紙による非生産的な活動もテクノロジー活用で生産性が上がり、空いた時間を顧客サービスの向上に使うことも可能である。

③テクノロジー×ブランディング＝サービス・イノベーション

顧客満足を高めるサービスの向上。テクノロジーにより、今まで実現できなかった、顧客へのサービスができるようになる。ＡＩを活用して賃料査定を瞬時に弾きだしたり、改善コストに対するリターンを税引後のキャッシュフローでシミュレーションすることも可能になる。

サービス・イノベーション、プロセス・イノベーション、マインド・イノベーションの３つのイノベーションは、すべて顧客満足を高めるためのイノベーションである。

●デザイン、テクノロジー投資の大事なポイントはシンプル化

デザインとテクノロジー開発で大事にしているポイントは、シンプル化である。デザイン、テクノロジー開発は、こだわり出すとどんどん複雑になる。シンプルに削ぎ落としていくことを大事にしている。複雑にしていけばいくほど伝わりにくく、使いにくくなる。

業務フローをデザインするときも、シンプルにすることを大事にしている。複雑な業務フローはミスも多く、リカバリーする無駄なコストがかかる。複雑で難しいことは、スタッフが継続できない。

シンプルを大事にしてデザインしている。

例えばiPhoneはシンプルな設計である。説明書を見なくても、直感的に使える。そのようなイメージである。

●クラスコのビジョン

ビジョンとは、実現を目指す、将来のありたい姿のこと。クラスコのビジョンを表したのが、**次ページのイラスト**だ。世界中にクラスコの提供するサービスを利用していただき、人が楽しく暮らしているというイメージである。

VISION

世界中に「人生、楽しい人」を増やす。

わたしたちの仕事は「楽しい人生を増やすこと」老若男女の24時間365日。そこで起こりうる様々な課題と向き合い、アイデア実行力で、楽しいほうへ、楽しいほうへと導いていくこと。ひとつひとつの仕事の先に、お客様の、社員の、地域の、そして自分自身の「楽しい人生」はあるか。これは、クラスコの事業が変化しても常にみんなが心の真ん中に持つぶれない指針です。(だって誰だって、豊かで楽しい毎日がいいでしょ?)

MISSION

楽しい社会をデザインするアイデア実行企業

変化の激しい時代に求められることは、未来を生み出す「アイデア」と、それをカタチに変えていく「実行力」。クラスコは「はたらく」「暮らす」「生きる」という分野におけるあらゆる問題にいちばん先頭に立って挑み<人生、楽しい人が増える！>楽しい社会をデザインしていきます。出会うひとりひとりに「楽しい人生」を提供するために、わたしたちは次の3つの未来像を描きます。

1. **楽しく暮らすことができる社会**
楽しい住まいや暮らしを研究し提案することで、より多くの人が日々を「楽しめる」社会へ

2. **オーナーの収益最大化、満室経営**
費用対効果の高い空室改善を実行し、多くのオーナーが満室経営を実現できる社会へ

3. **楽しく仕事ができる社会**
働き方や仕事の仕方を常に研究し、楽しく仕事できる環境が整っている社会へ。

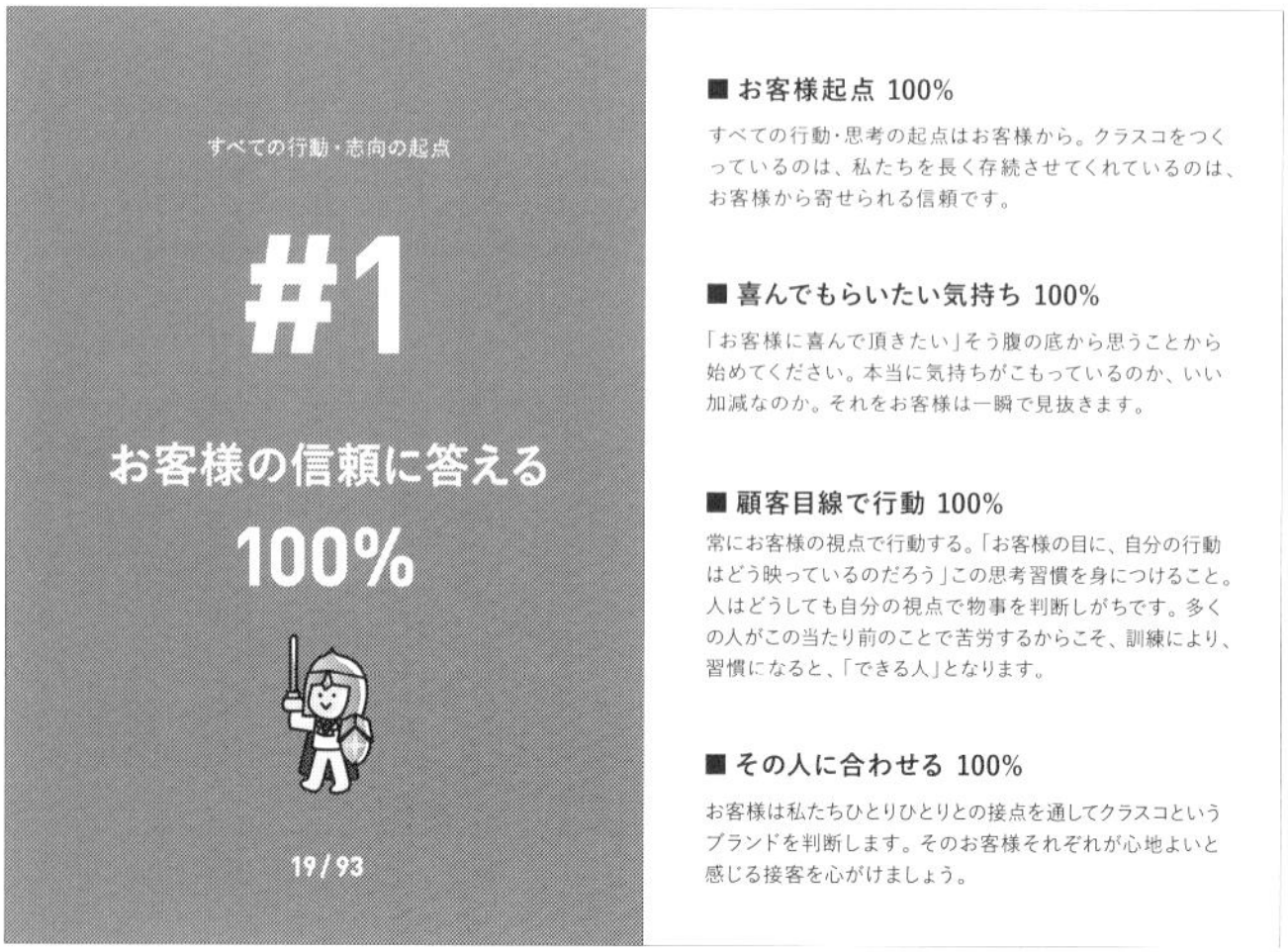

すべての行動・志向の起点

#1

お客様の信頼に答える

100%

19 / 93

■ お客様起点 100%

すべての行動・思考の起点はお客様から。クラスコをつくっているのは、私たちを長く存続させてくれているのは、お客様から寄せられる信頼です。

■ 喜んでもらいたい気持ち 100%

「お客様に喜んで頂きたい」そう腹の底から思うことから始めてください。本当に気持ちがこもっているのか、いい加減なのか。それをお客様は一瞬で見抜きます。

■ 顧客目線で行動 100%

常にお客様の視点で行動する。「お客様の目に、自分の行動はどう映っているのだろう」この思考習慣を身につけること。人はどうしても自分の視点で物事を判断しがちです。多くの人がこの当たり前のことで苦労するからこそ、訓練により、習慣になると、「できる人」となります。

■ その人に合わせる 100%

お客様は私たちひとりひとりとの接点を通してクラスコというブランドを判断します。そのお客様それぞれが心地よいと感じる接客を心がけましょう。

ミッションではその下支えをクラスコのスタッフがしている。スタッフは根をしっかり生やし、成長していることを表している。

言葉よりもビジュアル・コミュニケーションをした方が伝わりやすいのでビジョンをビジュアル化している。

ミッション（mission）とは、企業が果たすべき使命であり、存在意義のこと**（上図）**。バリュー（value）とは、組織の共通の行動規範のこと。

クラスコでは100％BOOKとして約100項目行動規範をまとめてある**（次ページ図）**。それをベースとして、各自が日々の行動を見直し、行動をよりよくしていくトレーニングを行っている。

クラスコのVISION・MISION・VALUE

crasco

VERSION
2019.0801

100%BOOK

crasco100%＝仕事力

このcrasco100%BOOKには仕事力を上げる大切な基盤、つまり「根」の部分がぎゅっと詰まっています。では、仕事力とはいったい何からできているのでしょうか。仕事をする際に基準となる能力には3つの種類があると言われています。この能力をピラミッド上で表すと、下から仕事に対する姿勢や価値観を表す「スタンス」、その言葉通り持ち運び可能な能力、つまり職種に関わらず普遍的に通用する「ポータブルスキル」、そして資格など特定の業界で必要とされる専門知識や専門技術を表す「テクニカルスキル」になります、下の階層になるにつれて、後々修正したり身につけたりすることが難しい能力と言われています。

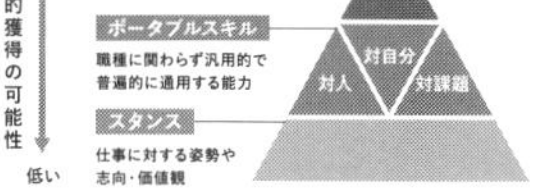

どこででも通用する自分になる

3つの能力の中で時代の変化と共に重要視されているのがポータブルスキルです。分類すると「対人スキル」「対自分スキル」「対課題スキル」の3種類に分けられ、どんな仕事をする上でも共通して大切な能力になります。クラスコでは一人ひとりの能力向上のために職場内教育や研修を行っていますが、大切なのは自らが考え実行する力です。ポータブルスキルを上げるため、日々の業務をどのように考え、取り組めばよいのかは、このcrasco100%BOOKがいつでも教えてくれます。習慣化すればどのような仕事でも自信をもって働ける自分らしい根を持つことができ、「人生、楽しい人」として、社会にどんどん還元できるようになります。

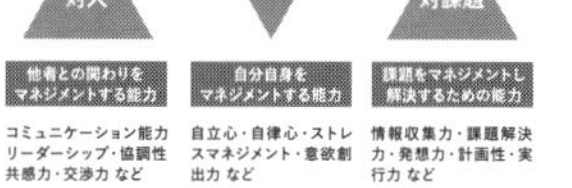

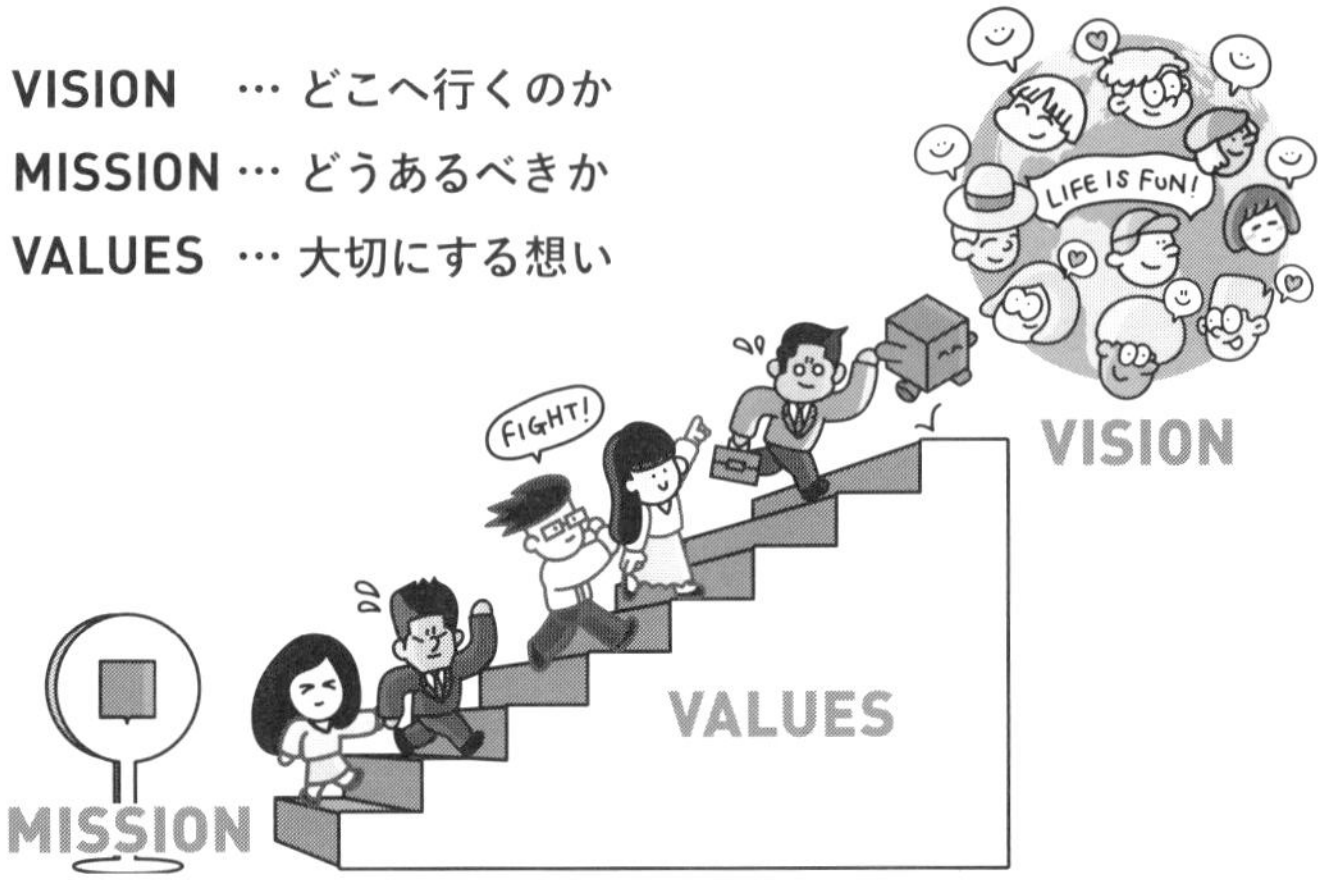

をまとめると、上図のようになる。

13 デザイン経営10の効果

クラスコで実感したデザイン経営導入による10の効果について、次にご紹介する。

２０１４年7月に社長交代し、私が社長となった、そこから急速にデザイン経営の実行を行った。

創業50年の老舗企業を変化させるのは非常に難しく、3年で8割の社員が入れ替わったが、デザイン経営の実行を行うことにより、入社3年未満が8割でも、売り上げと利益は毎年過去最高を更新し続けることができている。結果、残業を50%にして年間休日を27日増やし、一人あたりの生産性は2・5倍になった。

では、10の効果を具体的に見ていこう。

①認知度UP

実感値として、社名変更前は2人に1人は社名を知らない状態だった。それまで50年間使い続けた社名だったが、ブランディングができていないことから浸透度が弱かったのである。つまり、ブランド価値を構築することができていないということだった。

社名変更後約1年で、フジテレビの朝の番組「めざましテレビ」から、社名変更で成功している企業として取材をしていただいた。社名変更が成功しているという評価を、わずか1年で世の中にもたれていることを知り、私自身も非常に驚いている。「めざましテレビ」で取材してもらった結果、社名変更後は93パーセントと高い認知度ということがわかった。

50年間使っていた社名が、社名変更後1年足らずで知名度を格段にあげることが実現できたということになる。

②ブランド力向上

会社のコンセプトやビジョンを見える化することで、会社のブランド価値をアップさせることができた。

③ビジョンに共感する働き手が集まる

ビジョンが言語化されていることにより、共感して入社を希望する人が増えた。弊社はアイデア実行企業というコンセプトなので、新たにアイデア実行したい人が多く、これまで以上に豊富なアイデアがスタッフからも出てくるようになった。

④イノベーションや改善が起きる社風に変わる

イノベーションや改善に対する抵抗感がなくなり、年間自発的に452件のイノベーションや改善が生まれる社風へ生まれ変わることができた。

⑤プロモーション力の向上

人は見た目が9割といわれる。そのようなタイトルのベストセラー本もあった。顔つき、仕草、目つきなど、見た目で大きく印象が左右されていることがある。人格をもつ企業も同じことがいえる。

ということは、企業も見た目が9割ではないだろうか。「見た目」ロゴやデザイン、本社や支店の店舗デザイン、営業車のデザインなど目に見えるデザインで企業のイメージをコントロールできる（**次ページグラフ**）。

ＣＩを導入しビジュアル化することで、プロモーション力が格段に向上している。社外

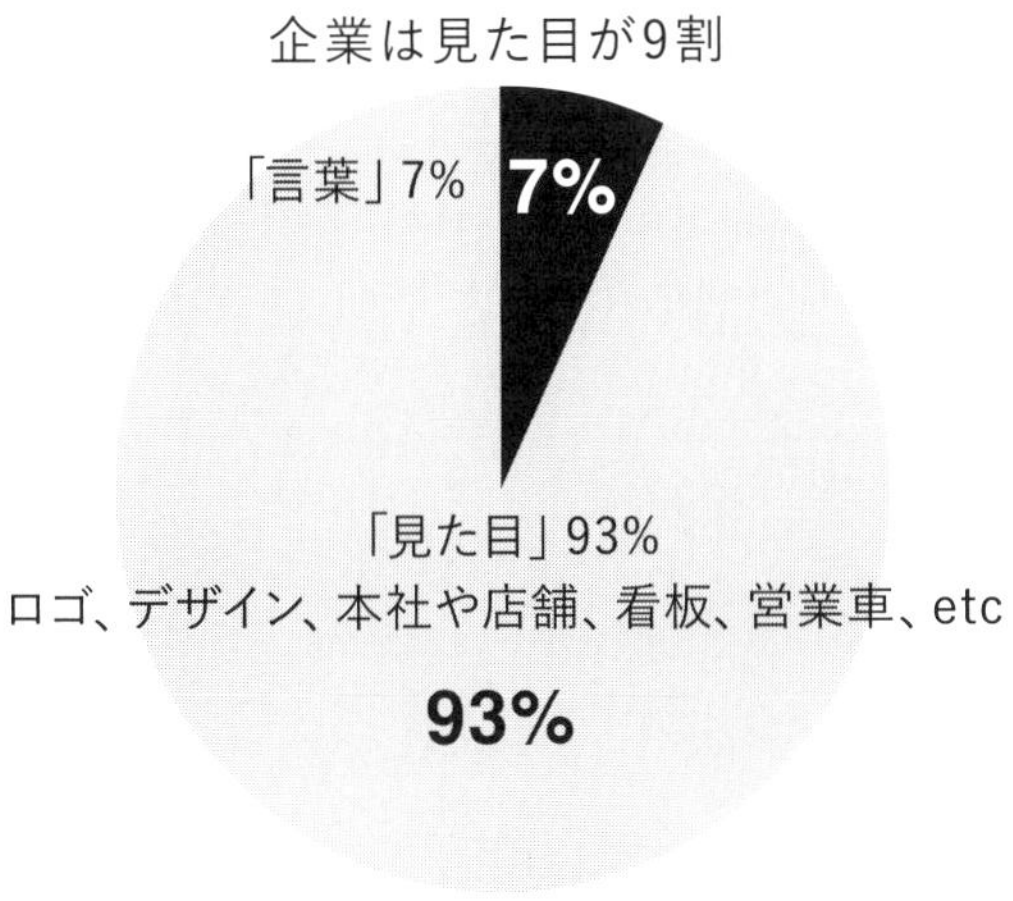

出典:"The rule of Mehrabian" Albert Mehrabian (1971)を参考に筆者の解釈で作成

の方から「頑張っていますね!」とお褒めの言葉をいただくことが多くなった。

これは、クラスコに対する社会的認知が広がっていることを意味している。

これまでと同様に事業をしてきたにもかかわらず、伝わる力が格段に向上していることを実感する。

⑥働き手のモチベーションがアップ

会社が目指す方向を理解できることと、どのように社会に役立っているのか、社会に必要な事業であるということが、働くスタッフに伝わることで、モチベーションアップにつながっている。また、働き手として主体性をもっているスタッフも増えている。

⑦外部からの期待を感じて期待に答えよう

とする（ピグマリオン効果）

会社としてのビジョンや行動規範などをオープンにしているので、外部からの期待に応えようとするピグマリオン効果が得られている。

（※ピグマリオン効果：教育心理学における心理行動のひとつ。教師の期待によって学習者の成績が向上することをいう）

⑧メディアの取材増加

さまざまなサービスをリリースすることで、会社のブランド力向上が実現できている。その結果、メディア取材が２０１３年の社名変更後から２０１９年９月30日までで５５８件に及ぶ。「めざましテレビ」「ワールドビジネスサテライト」「日経アーキテクチュア」「日経ビジネス」など多数のメディアに取り上げていただいた。

⑨会社をプレゼンすることができる

会社のビジョンを言語化することで、スタッフの誰でも会社を同じように語ることができるようになった。会社を言語化して、ビジュアル化することができることにより、より多くの会社の情報がお客様に届くように変わった。

⑩広告の費用対効果

以前と同様の広告費を投下しても、反響数が増加し、費用対効果が格段に大きくなった。

クラスコのデザイン経営サービス

以前の経営	クラスコのデザイン経営
事業の優先ポイント	事業の優先ポイント
① 人材力	① ブランド力
② 集客力	② 商品力
③ 商品力	③ 集客力
④ ブランド力	④ 人材力

クラスコではブランド力や商品力を高めることを重要視しています。そして、そのブランドや商品で集客を高めることに成功しています。実際に1店舗あたりの集客は1.96倍に上がっています。

ブランディングによりビジュアル・コミニュケーションがうまくいくようになり、広告費用の費用対効果が高まる。

看板規制が厳しくなり、看板の枚数を減らさなければならないときがあったが、それでも「御社の看板増えていますね！」とお客様からも言われるほど、効果の大きさを実感した。

14 クラスコのデザイン経営サービス（商品）

クラスコでは、ブランド力や商品力を高めることを重視している（上図）。

そして、そのブランドや商品で、集客率を高めることに成功している。実際に、1店舗当たりの集客率は1・96倍に上がっている。

では、クラスコのデザイン経営で生み出されたさまざまなイノベーティブな新たなサービス（商品）を、次にご紹介しよう。

●TATSUJIN

クラスコでは、さまざまな不動産・リフォーム会社向け業務改善テクノロジーやデザインによる経営改善ノウハウなど幅広い商品を提供している。その総称を「ＴＡＴＳＵＪＩＮ」として、ブランド化している。現在その利用企業は全国２５００店舗を超えている。

自社で培った成功モデルを自社内に留めるのではなく、オープンにして企業にサービスとして提供している。サービスの導入研修や毎月のオンライン共有会、定期的な研修などのサポートを行っている（次ページ図）。

クラスコのビジョンである「人生楽しい人を増やすこと」を、クラスコの利用企業様を通じて全国の顧客にも提供できるようにすることで実行している。

全国の企業様へサービス提供することで、１社ではできない大きなコストを投下することができる。スケールメリットを生かした交渉ができるなど、メリットも大きい。

TATSUJINのビジネスモデル

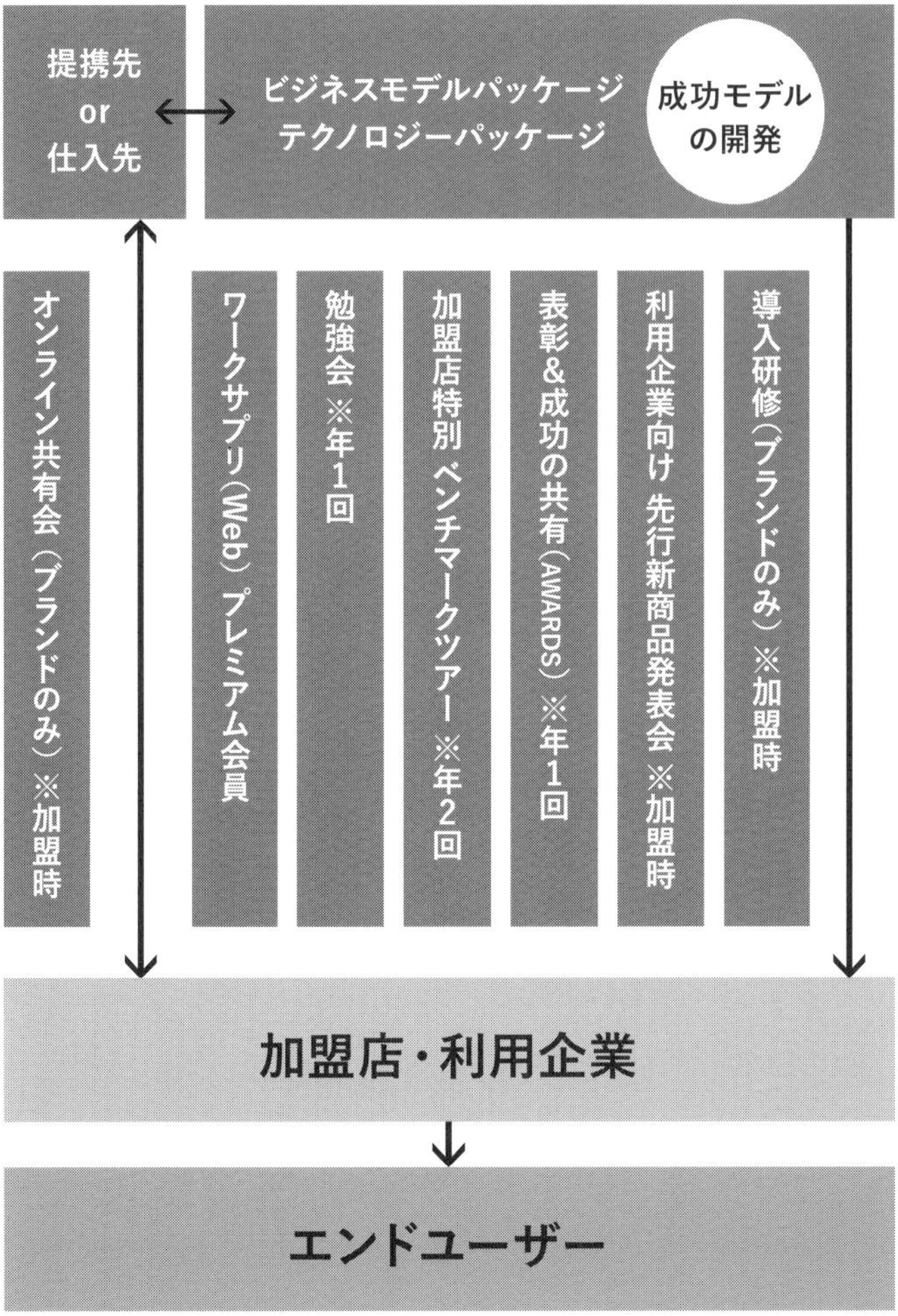

さらには利用企業様とのネットワークで、さらなる成功事例が生まれ続けることにより、業界の進化にも貢献していくことができる。

●ワークサプリ（働き方改革ノウハウWebサイト&アプリ）

第四次産業革命により、さまざまなビジネス環境が激変する。さまざまな業種が変革を迫られている。この大変革時代にテクノロジーの活用、成功モデルの共有を行い、働き方改革を実行することで、顧客満足・従業員満足を実現しながら、企業を躍進させるノウハウを提供するＷｅｂサイトを立ち上げた。

働く時間が人生の大部分をしめる。人生楽しい人を増やすために、楽しく働くためにはどうすればいいのかを日夜研究して、実行して成功したことをこのサイトにどんどんと公開している。２６０の動画も公開されているので、ぜひ活用していただきたい。新たなステージへ向けて、企業として進化するためのヒントが満載のサイトに仕上がっている。

●全国リノベーション・ブランド「Renotta」（リノッタ）

賃貸業界のためにも、環境問題のためにも、いまリノベーションは必須である。

戦後、日本では「スクラップ＆ビルド」を繰り返し、この30年で7割の住宅が建て替え

RYOKAN LIFE

DIY LIFE

GREEN WALL LIFE

STEP WALL LIFE

STUDY LIFE

SLOW LIFE

られた。日本の住宅寿命は世界的にも短く、少子高齢化による人口減少が問題になっているいまも、新築が増え続けている。その結果、賃貸の空室率は２０１２年に20％を超えた。

　こうした傾向を受け、２００６年には「住生活基本法」が公布された。これまでの「住宅の新規供給量の確保」ではなく、住宅市街地における居住環境を含めた「良質な住宅ストックの形成」を通じた豊かな住生活を目的としている。

　これらの達成にはリノベーションが不可欠。求められるのは、見た目だけでなく、長く愛されるコンセプト設計。環境保護という面でも、今後の日本の課題とされる。
賃貸管理会社にとって物件改善力は必須

のもの。

この数年で、賃貸市場を取り巻く環境は目まぐるしい変化を遂げた。インターネットの普及により、Ｗｅｂ上での部屋探しが主流になった。部屋を探す際に訪問する会社数はほとんどの人が1店舗のみで、内見しないまま契約する人もいるほどである。このことから、これまで賃貸仲介に必須だった営業力の重要性が下がり、物件そのものの価値を向上させる力や、物件のプロモーション力が問われる時代になっている。

加えて、人口減少による空室率の増加や、需要の低下による価格競争が起こり、家賃の下落も生じている。古くなっていく物件に何も対策をしなければ、収益は下がる一方。いま、賃貸管理会社にとって必要なのは、物件改善力である。市場の動きや競合物件の特徴をつかみ、空室原因を導き出し、投資と収入の計画を長期的に判断する。そのうえで、効果的な物件改善の提案を行う力が求められている。

この問題を誰かが解決しなければいけないと気がつき、「Renotta（リノッタ）」が創造された。

依然として深刻な空室率悪化やスクラップ＆ビルド問題を受け、２００９年にスタートしたのがリノベーション・プロジェクト「LifeDesignProject!!!」(リノッタの前身)。築古物件の一室一室にコンセプトを設け、永く愛されるお部屋を提供する取り組みである。これにより、大量生産・大量消費という時代を変えられると考えた。
さらに、真の問題解決には、この考えを全国に広める必要があることを痛感。

こうして、2012年に「Renotta」を発足。リノベーション事業として、トータルソリューション（営業手法、人材育成、デザインコンセプト、プロモーションツール、成功事例）を提供するFC展開を開始した。

現在は加盟500店舗と、賃貸リノベーションネットワーク店舗数全国1位にまで拡大した（2019年10月現在）。

「Renotta（リノッタ）」は、賃料アップと稼働率アップを実現し、物件を満室にするサービスである。

一流デザイナーによるクオリティの高い部屋が提供できている。また、コンセプトの創造のために専属のコピーライターがレベルの高い訴求を行う。さらに完成した部屋のプロモーションムービーをつくり、好評を博している。

リノベーションするコストに対するリターンを税効果まで計算し、オーナー様にとって利益があるか診断できるソフトも開発している。全国における改善事例のデータベースからシミュレーションをつくるので、オーナー様も投資に対するリターンを数字で判断することができる。

オーナー様にとって判断しやすい情報提供ができており、信頼感を高めている。

・オーナー様メリット

低価格で高品質のリノベーションが手に入る

賃料アップ33%の実績

稼働率の上昇

収益の上昇

節税効果

・不動産管理会社メリット

集客アップ、賃料アップによる収益アップ

共通仕入れにより最大75%OFFを実現（キッチン、お風呂、照明器具、etc）

部屋当たり40万円のコストカット

67%カットの業務効率化

300を超えるデザインが選べる

Renottaネットワークにより、さまざまなことが学べる

約2500のツール

導入研修やオンライン共有会で賃貸リノベ事業をバックアップ

・リノッタ0円スタート

リノベーションのご提案は、工事にかけた金額以上に収益が上がる、言い換えれば税効果も考慮して「投資効率が良い」お部屋に対してのみご提案させていただいている。

オーナー様の収益改善に努めてきた甲斐もあり、ありがたいことに「ぜひともリノベーションしたい」と言っていただけることが多い。

しかし、リノベーションの工事費用は決して安くはなく、工面が難しいオーナー様も多くおられる。

「お金さえ用意できればすぐにでもリノベーションしたい」という方が多い。

「リノベーションをして収益性を高めたい！」というお声に対して、何とかできないか、そのような思いから誕生したプランが「0円スタート」である。

「0円スタート」とは、簡単に言ってしまえば「サブリース契約」をベースにして、1室からお受けすることのできるリノベーションのご提案である。

リノベーションしたお部屋をクラスコで期間を定めて借り上げさせていただくことで、その期間分の賃料（もちろんリノベーション後のアップした賃料）分を工事金額に充てることができ、出費を抑えることができる。

2年もしくは3年間はこのお部屋の家賃収入はなくなるが、2年もしくは3年後にはリノベーションされたお部屋が入居者のついた状態で戻ってくる。

空室で家賃も落ちて収入が減ってしまい、リノベーションするお金もない。そんなオーナーを助けることができるのが、この「0円スタート」である。空室で空いたままになるよりも、絶対お得なシステムである。

・家賃アップ&利用料定額で実質ゼロ円の賃貸リノベーション「Renotta Prime」

賃貸物件のリノベーション導入費用を毎月定額にする、賃貸物件オーナー向けサービスである。

リノベーションを行うことで物件価値が上がり、家賃をアップしても入居が決まりやすくなる。そのため、定額利用料を家賃アップ分で補填することができる。すなわち、実質ゼロ円でリノベーションが導入できる、というわけである。

また、入居決定までの期間を短縮できることも大きな特徴である。

一般的な退去後のフローとしては、オーナーに原状回復費用の見積もりを提出し、承認をいただいたうえで工事を行うことが多い。その結果、次の入居が決まるまでには平均135日もかかっている。

「Renotta Prime」を導入することで、定額利用料での修繕が可能になるため、オーナー承認までの時間をカットできる。

さらに、次のような利点もある。

工事完了前から3Dパースで入居募集を行うことができる。

アクセントクロスと好印象のスポットライトを使い、入居者の好みで40万通りの組み替え可能な稼働棚「SHELFREE」によって、競合物件との差別化が図れる。

完成後には、写真を使ったコンピューターグラフィックで、家具などをインテリアコーディネートし、入居のイメージをつくることができる。

そのうえで、11PVある全国リノッタのHPに掲載し、さらにVRでのプレゼンテーションなどを行い、充実したプロモーションが展開されるので、入居までの期間を平均66日に短縮、一般より2・2ヵ月早く入居成約が可能になる（クラスコの直近1年間の実績から算出）

・リノッタ加盟店様の声（愛媛県アート不動産様）

ここで、リノッタ加盟店様の声に耳を傾けていただきたい。愛媛県のアート不動産様がアンケートに答えてくれたものだ。

Q：もともとやっていたリノベーションと比較すると、どうですか？

A：まずスピード感がすごく上がりました。リノッタに加盟することで、もともと1部屋を完成させるのに3ヵ月くらいかかっていたものが、だいたい1ヵ月くらいで完成できるようになりました。

いままではリノベーションを自分たちで頑張ってやってきましたが、統一感がなかったり、「良い物ができた」と思っていても、実際にあらためて振り返ると、コンセプトが違う感じがするなど、クオリティの面であまり納得いくものができていませんでした。リノッタの場合は、すでにコンセプトが決まっていて、デザインも統一感があるので、オーナーにも自信をもって提案ができます。

オーナーも自信をもっている私たちを見て、安心して発注していただいているのではないかと思います。

Q：バリューアップはどのくらいできていますか？

A：自分たちでリノベーションをやっていた時は、やはり自信がないので、家賃を上げることはできていませんでした。加盟してからは、自分たちも自信をもってオーナーに家賃アップを提案し、だいたい2000円から、フルリノベーションになると1万円ほど家賃がアップできています。平均で元家賃より25％ほどアップしています。

Q：リノッタのノウハウで成約するスピードは変わりましたか？

A：以前は、リノベーションが終わってからの募集が多かったのですが、リノッタに加盟してからは、いままで使っていなかった3Dパースの作成方法を教えてもらい、リノベーション中でも募集を開始することができるようになりました。

リノッタ導入前の平均空室率が190日だったものが、平均で21・7日と、早期成約できています。

●満室の窓口

日本の不動産市況を語るなかで、賃貸物件の空室増加は深刻な社会問題となっている。入居率の悪化と賃料下落による収益の減少など、不動産経営に課題を抱えるオーナーが増えてきている。

この厳しい時代にオーナー様に的確な改善提案ができないのは致命的である。お困りのオーナー様が気軽に立ち寄れ、不動産経営について相談できる窓口があったならとのオーナー様の想いから誕生したのが「満室の窓口」である。発足から1年足らずで全国に10

0店舗を突破した（**上写真**）。

「満室の窓口」とは、空室が増加する日本の賃貸住宅を満室にする全国プロジェクト。空室に困ったオーナー様へ、データやロジックに基づいた的確な空室改善をご提案している。賃貸経営や相続の知識、顧客ニーズなどあらゆる情報を包み隠さず提供し、オーナー様のお役に立つ相談窓口である。

満室経営を実現するために必要なノウハウを「システム」（AIとテクノロジーを活用した空室改善システム）＆「不動産経営改善士」（満室経営をサポートするスタッフの資格取得の育成プログラム＝**次ページ写真**）の資格を取得したスタッフによってご提案する。

・「満室の窓口」でできること

・オーナー様のために空室で困った物件を満室にすることができる
・不動産経営改善士の空室改善の提案を受けることがでる
・無料物件診断を受けることができる
・オーナー様向け勉強会の開催により、オーナー様の不動産経営のスキルと知識を高めることができる
・オーナー様への資格制度「不動産経営診断士」の勉強会により、資格取得ができる
・不動産経営診断士取得により、不動産経営の的確な改善を診断することができる

・賃貸管理会社様のために

・オーナー提案で収益最大化をファイナンス改善できる「真のプロフェッショナル」育成プログラムを学び「不動産経営改

資格で実務をカバーできる範囲

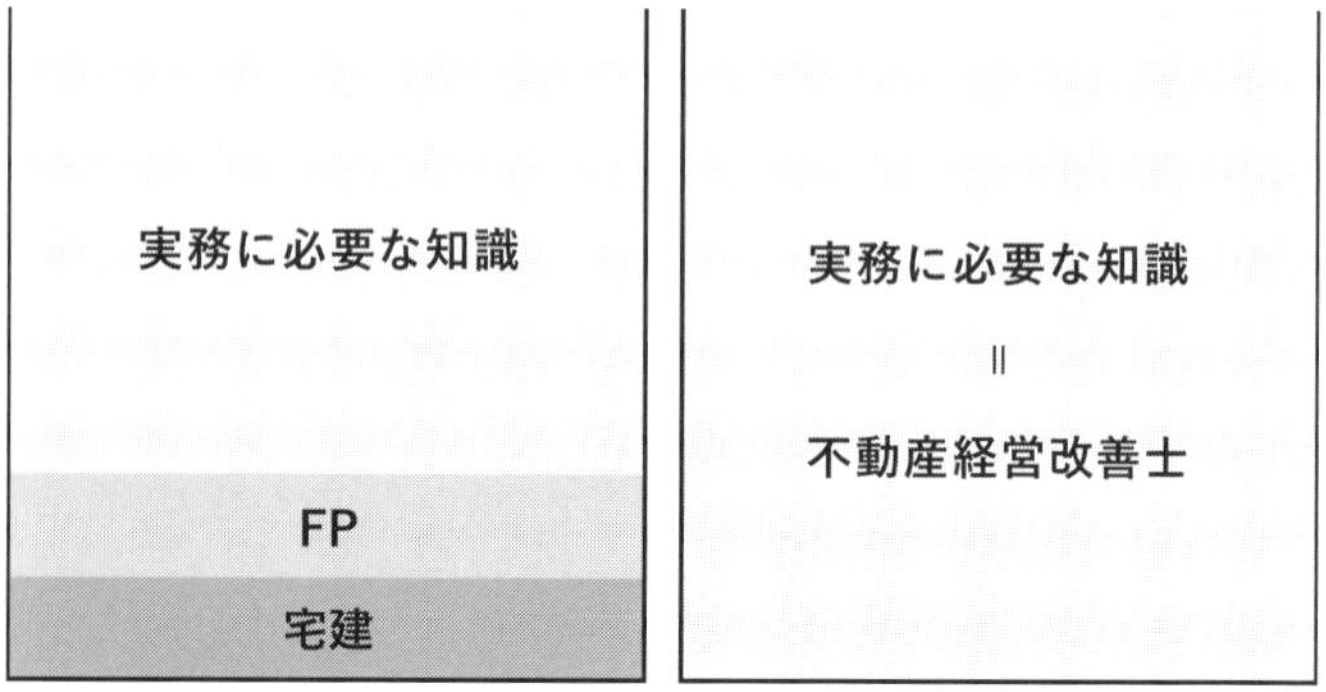

宅建やFPなどの資格では実際に必要な知識を一部しか取得できない

実際に必要な知識を取得できる

善士」を取得、空室改善の税引き後のキャッシュフローベースでの最善の改善方法を提案することができる

- 空室改善手法を習得することができる満室の窓口ブランドでオーナー様にコンサルティングすることができる
- 全国の空室改善事例や成功事例を共有することができる

ところで、「不動産経営改善士」とは何か？（上図）

不動産業界には、宅地建物取引士やファイナンシャルプランナーなどたくさんの資格があるが、資格取得のために学習した内容も、実務で直接的に利用できる知識とスキルは少なく、不動産経営に関する知識が

乏しい新入社員等については、知識が体系化されておらず、オーナー様からの信頼度を下げかねない。

不動産経営に関する教育は、座学だけではなかなか習得できず、OJTでは時間がかかり過ぎてしまう。さらにいえば、教育カリキュラムが体系的に充実していないことも多い。

そのような現状に鑑みて誕生したのが「不動産経営改善士」である。

「不動産経営改善士」とは、不動産経営の改善に必要な知識とスキルを保有し、不動産賃貸オーナーに対し、一定以上の水準で提案を行えるスペシャリストのことである。上級不動産経営改善士や最上級不動産経営改善士は実務で定められた一定数の改善実績を積むことで取得できる。

不動産経営を行っているオーナーが安心して任せられる不動産経営改善のプロを育成し「オーナーに対して、適切で客観的な提案、賃貸経営に関するコンサルティングを行うこと」を役割としている。

資格保有者は不動産経営の改善に必要な知識とスキルを習得し、不動産オーナー様に対し一定以上の水準で提案を行うスペシャリストである。不動産オーナー様に対し適切かつ客観的な提案など、不動産経営に関するコンサルティングを行うことができる。

●NEW70

和室は畳敷きなのでどこでも寝転ぶことができ、何よりも落ち着いて心安らぐのが魅力である。しかし若い世代は和室を嫌う。そのため若い世代がターゲットの賃貸マンション、アパートからは和室がどんどん消えている。新築マンションにも和室を見ることは少ない。

レトロな味わいを新しい暮らし方として提案するブランドとして「NEW70」というブランドを立ち上げた。オーナー様のメリットとしては古さをレトロという魅力として入居者様にアピールすることで改装費用を抑えて入居率を上げる手法である。

実際に事例をご紹介しよう（上写真）。この部屋は築48年の団地である。かなり年季が入っているが、柱や長押の木目が長年の日焼けで飴色になっていて美しい。ダイニングテーブルには木種こそ違え、建物の木目に色味を揃えてチークの板目をセレクト。ダイニングチェアや和室のペンダントライト、時計は襖の枠や畳の縁に入っている黒色に合わせて、空間にコンストラストを出した。これだけで統一感が生まれる。

そして一番の決め手は襖紙を70年代の香りがするオリーブ色のクロスを施した。いい差し色になっている。

キッチンの上のシーリングライトはレトロなガラスの照明に取り替えた。

レトロ感覚が逆に新しい、居心地のよいお部屋に変身している。

●カグッタ

狭い賃貸のお部屋を立体化して、より使い勝手のいいお部屋にすることをコンセプトに現在商品開発中なのが新企画「カグッタ」。

第一弾として、ロフトで部屋の価値をあげることに取り組む。

狭い部屋でも空間を3次元的に有効活用し、床面積を広げられることがロフトの魅力である。しかも、ロフトには人間の本能に訴えかける直感的な魅力がある。

まず魅力の一つは高い場所に登れるということ。これは人間の生まれもった冒険心をく

すぐる。さらに高いところから見る景色は、心地よく気分転換にもなる。

　もう一つの魅力は、狭く囲われた場所があること。適度に狭くコンパクトな空間は秘密基地のようで、童心に帰るような気分になる。

　ワンルームのお部屋に理想のロフトをDIY。ロフトをつくることで、より立体的な空間で遊び心いっぱいのお部屋にすることができる。

　秘密基地のようなプライベート・スペースを設けることを目的に計画し、三次元CADで立体的に計算し出来上がったのが**上の写真**の部屋だ。

　階段をハイチェアにして2階の床をデスクとして利用できる。ベッドルームは囲わ

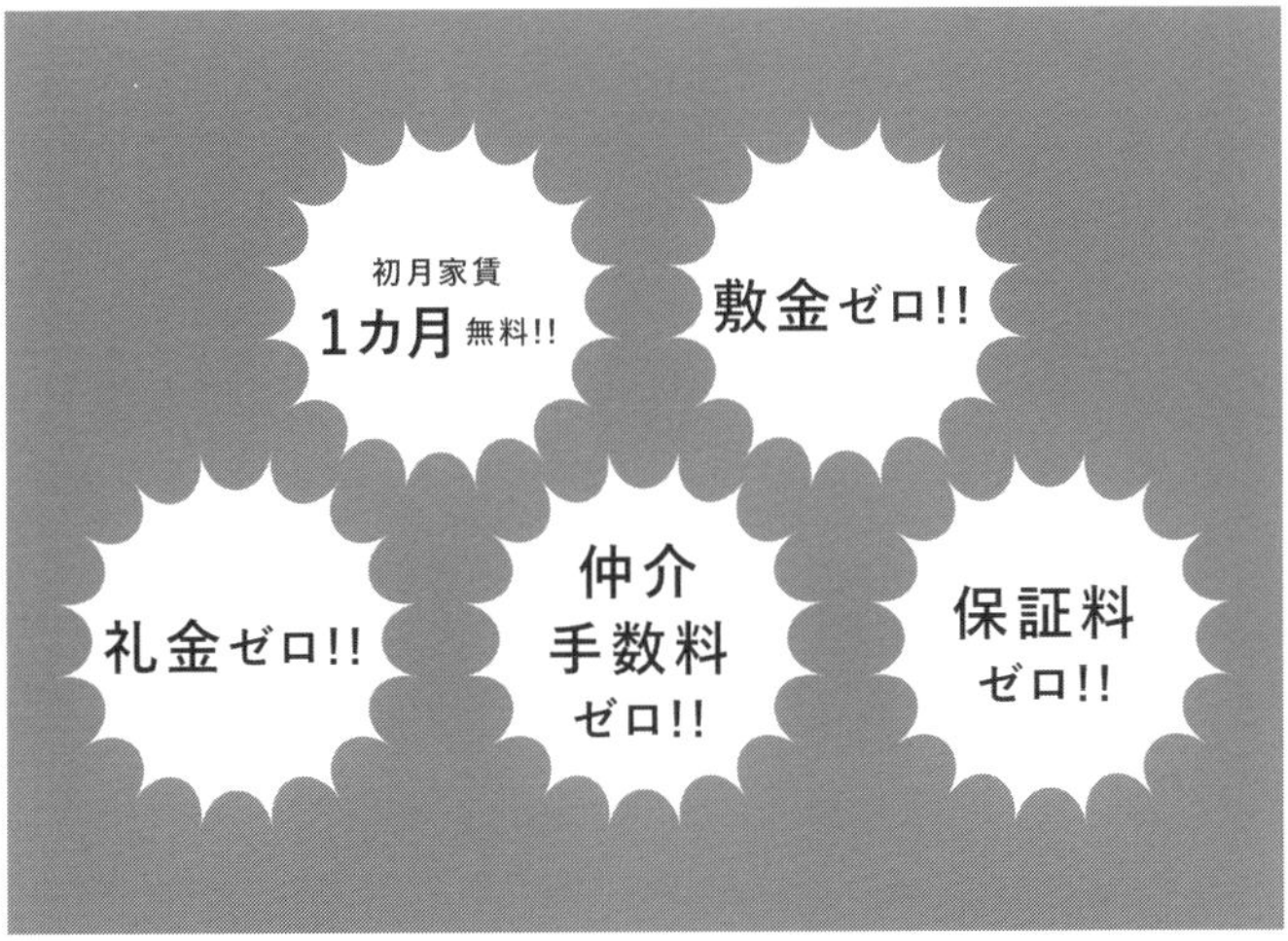

れながらも間接照明が心地よいコージーな空間である。

このロフトを置くことで、ワンルームの中にパブリックスペースのリビングとプライベート・スペースの寝室&書斎が生まれる。家具を使って、お部屋を楽しい空間にその価値をアップさせていける商品開発を進めている。

●ゼロ賃

「ゼロ賃」(上図)ができた背景は、市場の変化にある。例えば、ある商品を購入する際に、一括で支払うのではなくクレジットカードなどで分割して支払うなど購入方法が変化している。また、年収の減少などで初期費用は極力抑えたいというお客様のニーズも増してきている。

クラスコに来店されるお客様へのご希望条件のアンケートをとったところ「敷金・礼金ゼロ」を希望した方の割合が、２０１４年から２０１８年までの4年間でおよそ2倍となっている。

集客の減少にはいろいろな要因があるが、そのほとんどが顧客ニーズの変化に対応できていないというところにあり、求められる商品を用意できていないということも一因となっている。

そうした背景をもとに誕生したこの「ゼロ賃」。

導入前と比較して入居率が約18％アップした。実際に導入した物件に対する集客力が最大で47％アップした。「ゼロ賃」は入居率だけでなく、いま求められている変化やさまざまな課題に応える手法といえる。

●ROBOTTA（ロボッタ）

IoTとは、「Internet of Things」の略で、モノのインターネットとよく言われている。モノがインターネットに接続されると、生活が便利に使いやすくなる。

最近では、徐々に導入が進んでおり、これからの必須設備の一つになる可能性がある。

現状では新築の物件には導入されることが多いが、築年数の経った物件にも導入効果があり、賃料アップや管理業務の削減など大きな効果をもたらしている。

スマホと家電がIoTで接続されることで、スマホひとつで家電操作が可能になったり、スマートスピーカーと連動させることで、音声での操作も可能である。

また、これまでは家に帰ると室内は「夏は暑く」「冬は寒かった」ものだが、スマホ操作で家の外にいてもエアコン等の操作ができ、家に帰るとすでに快適な状態になっているということになる。

スマートロックとは、鍵にオートロック機能や非接触キーの機能を付加できるような装置で、後付で設置できる。入居者としては、オートロックで鍵の閉め忘れがなくなり、鍵を持ち出すのを忘れても、Suicaなどの非接触キーやテンキーによる暗証番号で解錠できるため、格段にセキュリティを向上させることができる。

賃貸管理会社では、空室時の管理や内見時の案内などで、鍵の管理が一つの課題となっているが、スマートロックにすることでセルフ内見（鍵の受け渡しをせずお客様だけで内見）が可能となる。具体的には、一定時間有効な解錠パスワードを発行でき、一度入ることができたパスワードも、次回の入室時には自動的にアルゴリズムに基づき別番号に変わるのだ。入室履歴も残るため、空室時のセキュリティ対策としても効果を発揮する。

賃貸管理会社向けに開発された、賃貸物件向けIoTシステム「ROBOTTA」（上写真）は、前述の機能を兼ね備え、入居者、賃貸管理会社の満足度を向上させ、IoT導入による商品価値アップにより賃料アップが期待でき、物件を所有するオーナーの満足度も向上できる。

IoTによって、今後ますます便利な機能がつき、暮らしが豊かになることを期待される。

●SHELFREE（シェルフリー）

賃貸アパートは一般的に収納が不足している。そのため入居者様は、既製品の収納の棚を購入することが多いようだが、それでも収納不足は解消されないケースも多い。

このような収納問題を解決するために開発されたのが、SHELFREE（上写真）である。

SHELFREEは壁一面を天井まで全面を棚にできる商品である。

しかも棚板の組み替えも自由でデスクも足すことが可能である。その組み合わせはなんと40万通り以上。住む人が自分に合ったカタチで使うことができる。

・SHELFREEのメリット
・入居者が自由に組み換え可能（棚の位置を変えたりデスクを足したりできる）
・壁一面収納で多くの役目を担う
・お部屋が狭くても3次元的に構成された収納

・ＳＨＥＬＦＲＥＥなら無駄なく最大限にスペースを活かすことができる
・手軽に入居率、家賃アップを図ることができる

　このようにＳＨＥＬＦＲＥＥは、人それぞれの暮らし方に合わせて変化するので自分らしいお部屋をつくる手助けをしてくれる。入居者、オーナー双方にメリットがあるサービス。

●DEZAKABE

　賃貸のお部屋の壁紙は、どれも同じような色やデザインが多くて面白みに欠ける。壁紙の種類はあるが、壁紙はパターンの繰り返しで、安定して需要があるのはベタな落ち着いた色やデザインの壁紙が多い。どこのクロスメーカーも個性的なデザインに挑戦しないのは効率と需要を考えると当然かもしれない。

　しかし、街では個性的なファッションの人がたくさん歩いている。部屋を自分でアレンジして個性を楽しんで住んでいる人も少なくない。ただ市場に満足いく個性を供給できていないだけで、一定数の消費者はもっと暮らしに個性を求めているのではないか。

　そこでクラスコでは、そんな想いで既成のメーカー品にはない壁紙の開発に取り掛か

った。そして完成したのが「DEZAKABE」(**上写真**)である。

DEZAKABEの特徴は壁一面を大きく使ったデザインである。壁一面にパターン化されていないアートを貼るイメージ。既成のクロスでも柄の入ったデザインクロスはあるが、あくまでも「柄」で同じカタチや色の連続で構成されている。

一方、DEZAKABEは「柄」ではなく、壁一面を一枚の大きなキャンバスと捉えてデザインされている。つまり壁紙の域を超えて「DEZAKABE=ART」という考えでデザイナーが一枚一枚つくっているのである。

市場にこのARTを落とし込んだときにどういうことになったか? 結果は、もともと人気のない4階建て、エレベーターなし、3点ユニットの苦戦物件で、しかも1年以上空室の部屋が、家賃4000円アップでも1ヵ月以内で申し込みいただくことができた。

しかも2階、3階、4階とDEZAKABEの部屋を募集しているにもかかわらず、4階のDEZAKABEのアートが気に入られ4階の部屋から決まったのだ。不動産仲介業に長年携わっている者として、本当に驚く結果だった。入居されたのは美容師の方で、お部屋を選ばれた決め手となったのは、やはりデザインだった。

●フォトステージング（フォトステ）

写真上でバーチャルの家具を入れ込み、モデルルームをつくる手法である**（次ページ写真）**。

通常のお部屋に本当の家具を入れるのは手間暇がかかり、また家具を購入したり、小物などをセッティングするのは手間もコストもかかり、センスも必要となると、かなりハードルが高い。

そこで写真上でバーチャルの家具や小物をインテリアコーディネートするサービスがとても大事になってくる。

実際に家具を入れなくても、写真上に家具を入れることにより何もないお部屋よりも付

加価値が生まれる。お部屋探しのお客様にも、生活イメージ画を伝えられることが可能になる。
Webで募集掲載したところ、通常の写真と比べて152%アクセス数がアップした。

●360 & 365 creators

築40年超の旧公社賃貸をリノベーションし、クリエイターの住まいをつくるプロジェクトである。家賃0円で住まいを提供する代わりに、デザイン業務を依頼するという取り組みで、クリエイター育成や地域のデザイナーの地位向上を図る。

本プロジェクトを展開したのは、自社管理マンション「IDEAL SOUTH

（イデアル サウス）」「ＩＤＥＡＬ ＮＯＲＴＨ（イデアル ノース）」で、築43年の元県営住宅。空室が増加しているものの、建物自体は堅牢な状態を保っていることから、入居者が自由に住環境をつくれるよう、居室内をＤＩＹ可能な状態にして、この場所を活かしながら地域の活性化に繋げ方法論として考えた。

プロジェクトでは、クリエイターを募集し、このマンションの居室を家賃0円で提供する。その代わりに、企業からデザインを0円で受注してもらう。また、デザイン換算費が本来の家賃を超える場合は差額を支払う。デザインを依頼する企業は、現在抱えている問題を、クリエイターの創造力をもって解決することができるほか、クリエイター育成という社会貢献を果たせる。

プロジェクトの背景には、北陸新幹線の開通がある。地元企業の熱が高まる中、金沢に新たなビジネスチャンスを求める全国の企業も現れている。地域に根ざした企業として成功を収めるため、ブランディング戦略やデザインを重要視する声が増えていることを受け、これらの企業間と若いクリエイターをつなぐ場所を創り出すのが本プロジェクトである。東京から移住してくるクリエイターの受け入れも積極的に行っていき、新幹線開通による発展が一過性のものに終わらないよう、デザインの力でモノや企業の本質を見つめなおし、永く人々に受け入れられる地域づくりを目指している。

現在はＬＩＦＥＳの記事を書いていただくことを中心にクリエイティブな仕事を依頼している。

●金沢もぐら・かなざわのへそ（LIFESに統合）

地域をさらに活性化するため、金沢に住む方とともに、金沢の知られざる魅力を発見するコミュニティ「金沢もぐら」と、その魅力を発信するポータルサイト「かなざわのへそ」を運営・制作している。

金沢の魅力を奥深くまで発掘するポータルサイト「かなざわのへそ」のロゴマーク。「金沢もぐら」で魅力を掘り下げてインプットし、「へそ＝コア」な魅力を伝える。

「かなざわのへそ」は日本語版と英語版を公開。金沢の魅力を公開することで、金沢のファンを増やそうという取り組みである。

「かなざわのへそ」にようこそ――「金沢と私がおへそでつながっている」ような大好きを、もっとみなさんに知ってもらいたい。

金沢在住の、金沢のことが大好きな人たちが、観光雑誌には載っていない場所やモノ・コトを紹介する。

●LIFES（住まいと暮らしの情報サイト）

住まいと暮らしの情報サイトとして、「もっと休息するためには？」「もっと勉強に集中するには？」「もっとモテるお部屋をつくるには？」といった暮らしの研究レポートや、主に石川県内の穴場のお店、スポット探索、イベント情報など、人生をもっと自分らしく、楽しくするためのさまざまなヒントをご紹介している。

例えば、「DIYで理想のロフトをつくる」「色が与える効果とは？」「おしゃれなお部屋潜入調査」「石川県おすすめショップ・イベント情報」といったタイトルが並ぶ。

ではなぜ、こんなサイトをオープンしたのか？

石川県金沢市で不動産事業を行うクラスコでは、「『人生、楽しい人』を増やす」というビジョンのもと、不動産の枠にとらわれず、暮らしにまつわるさまざまな事業を展開している。例えば、デザインが似たものになりがちな賃貸住宅に、一部屋ごとにコンセプトのあるリノベーションを施すブランド「Renotta」や、人気のない室をインテリアコーディネートでおしゃれな空間にすることで、お部屋探しのお客様へ魅力を伝える「NEW70」など、没個性な住まいや暮らしを、もっと個性のある「自分らしい暮らし」に導くための研究を行っている。

これらの取り組みを通して集まった住まいづくりの実例や、毎日を豊かにするための情報を発信することで、お客様にもっと暮らしを楽しんでいただきたいという想いから、当サイトを制作・運営することとなった。

「ＬＩＦＥＳ」という名前は、「ＬＩＦＥ＝人生」に複数形の「Ｓ」をつけた造語。人によって価値観も趣味も多種多様。１００人いたら１００通り、ひとつひとつ違った個性的な暮らしがあるべきという想いを込めている。

不定期で記事を更新し、暮らしを楽しくするための情報を充実させていきたい。

●カウリノ

日本では、空き家が増加の一途をたどっているなか、新築よりも価値が下がりにくいとして中古物件の流通が活発化している。中古住宅をリノベーションすることで、低コストで環境にも優しく、快適な住まいを実現することができる。

これを受け、「カウリノ」という名称でブランド展開することとなった。「カウリノ」（**88・89ページ写真**）では、ただ物件を改装するのではなく、住まいをより楽しくするようなコンセプトを設けてリノベーションを行う。

住まいを買う、それは人生の拠点となるべき場所を手にするということ。一生に何度とないチャンスだからこそ、精一杯人生を楽しむことができる住まいを選んでほしい。

自分らしく生きれば、人生はきっと、もっと楽しくなっていくはず。クセのない毎日が退屈なように、らしさを出すには家にもちょっぴり尖った個性が必要では？　そんな想いから、カウリノは、そのクセをどうステキに、どう人生と交わるかをずっと考えデザインしている。カウリノの家に住む。その瞬間、楽しいときもそうでないときも、いつかの未来に笑顔で思い出せるような、あなたらしい毎日になりますようにと願っている。

・リノベーションの価値

戦後より増え続けた住宅ストックにより、新築住宅は希少な存在となったこと、建築費用の高騰によりその価格は高騰している。

しかし、新築住宅は住んだ途端に中古住宅になり価格の下落が始まる。中古マンションを例に取ると、価格の推移は築25年頃から徐々に一定の価格に近づいていく。見方を変えると価格が下がりきった状態とも考えられるかもしれない。私たちは、このような価格が下がった物件でありながら構造などはまだまだ利用可能な物件を探し出し、リノベーションで蘇らせている。

・家具も買える、カウリノ

素敵な住まいを購入したあとは、ソファやダイニングセットなど、大きな家具を集めなくてはいけない。お部屋の雰囲気にマッチするかはもちろん、リビングのサイズに合う家具か、引っ越しで運びいれることができるか、予算におさまるかと家具選びにはなかなか労力を取られるもの。

　そんな手間を解消するため、カウリノでは、モデルルームとして設置した家具も物件と一緒に購入いただくことができる。すでにお部屋に搬入されているものを購入いただくので、見学会で見たままの素敵な生活がすぐに始められる。

●企業価値アップの「CIージョー」

「CI」とは「コーポレート・アイデンティティ」の略で、企業が自社のミッションや理念、強みを社会に共有し、社内外に共通したブランドイメージをつくる企業活動のこと。クラスコでは5年前に社名を変更し、理念やすべてのツールを一新したことで知名度向上や利益向上など、CIによる成果が現れている。

　不動産業界も売り手市場による採用難に直面しているなか、他社から「人材が確保できず、CIの重要性はわかっていても、どこから始めたらいいのかわからない」「ロゴや社名をリニューアルしてみたけれど、いまいち効果が出ない」という声をいただくことが多い。そこで、クラスコの成功ノウハウを踏まえた、不動産会社特化型のCIのパッケージサービスを開始することにした。

・「CIジョー」（上図）の考え方

ロゴや広告などの見た目（VI）を統一するだけでは、CIを導入したとはいえない。社員の行動の統一（BI）や、会社の理念が浸透していること（MI）を含めMI、BI、VI、この3つが揃って初めてCIが成り立つと考えている。

このことから、企業が社会に対してどのような価値を提供していくのか、これからどんな会社に見られていきたいのかをじっくりとヒアリングし、社内外に伝わりやすい言葉としての企業理念の開発と、より浸透しやすいビジュアル化を総合的に行ない、効果的なCIの導入を実現する。

・導入により見込める効果

採用力UP、ビジョンに共感した人が集

まる、認知度ＵＰ、社員モチベーションＵＰ、企業価値ＵＰ、広告費用対効果ＵＰ、社員の行動の統一力ＵＰ、企業成長力ＵＰ、集客力ＵＰ、企業コンセプトが社内外に伝わるなど。

なお、クラスコが提供しているサービスの内容には、次のようなものがある。
社名変更、ネーミング制作
不動産会社向けツール制作（物件案内貼り紙、配管水蒸発防止シールなど）
プロモーション用ツール制作（名刺、封筒、ロードサイド看板、カーラッピングなど）
理念開発（理念の言語化、理念浸透ブック、理念ポスターなど）
コーポレートＷｅｂサイト制作
会社紹介動画制作
キャラクター制作
その他の制作物についても要望に応じて対応可能

●カウイエ
低価格で高品質の注文住宅を提供するコンセプトのカウイエ（**次ページ写真**）。

パターン設計と営業マンがいない仕組み、全国での共通仕入れにより768万円からの低価格の注文住宅を実現できている。

標準仕様で、ダウンライトや無垢材など、他の同価格帯の住宅と比べても高品質な住宅を提供できている。

モデルルームに来られたお客様は、営業をしなくても品質の良さに契約になるケースも多い。

15 クラスコのデザイン経営・不動産テックサービス

●デジタル・トランスフォーメーション「不動産テック」

最近、「デジタル・トランスフォーメーション」という言葉を見聞きする機会が増えてきた。大まかに説明すると「業務遂行におけるデジタルテクノロジーの活用」という意味である。

2014年頃から、「○○テック」としてさまざまな分野のデジタルテクノロジー活用が取り上げられている。「業種×テック」として造語がつくられているが、代表的なものでは金融業界のFinTech（フィンテック）や広告業界のAdTech（アドテック）がある。

不動産業界におけるテクノロジー活用を指す言葉としては「ReTech（リテック）」、不動産テックとも言われている。このテクノロジー活用の流れは、遅かれ早かれ確実にどの業種にもやってくることは間違いない。

デジタルテクノロジーの進歩は目覚ましく、旧来の働き方をしていると気付かないうちに競合他社の動きから大きく遅れることや、結果として売上の落ち込みや業績不振につながりかねない。

また、消費者も新たなテクノロジーを生活に多く取り入れており、さまざまなシーンでそれらの恩恵を受けることが当たり前になっている。つまり顧客満足度や消費者ニーズに応えるためには、テクノロジー活用は必須になってくるということである。

不動産業界は、テクノロジー活用の面では非常に遅れた業界である。私たちはいまこそ本質的な業務進行の変革を成さねばならない。

ここではデジタルツールとデータの活用による、業務フローの改善事例や、それによって得られる効果をご紹介していこう。

その前に、業務遂行における役割を最適化することが重要であることを確認しておきたい。まずは、次の2軸のマトリクスをつくり、各自がどこを担うべきか考えてみよう。

①クリエイティブ（創造的）　↕　オペレーティブ（作業的）

②高生産性　↕　低生産性

過去、クラスコではほとんどの業務範囲を正社員が担っていた。それが組織構成の見直しとテクノロジー活用を進めていくうちに、正社員はよりクリエイティブで生産性の高い仕事に集中できるようになった。

それによって、全体の残業時間を46％も減らし、年間休日も26日増やすことができた。そのなかで、正社員1人あたりの労働生産性を2・5倍にまで伸ばすことを実現した。

さて、実際にクラスコで開発した不動産テックの数々をご紹介しよう。

●顧客ニーズ分析アプリ「とうろくん」

顧客情報の獲得・分析は経営判断をするにあたり、大事なポイントになっている。

来店アンケートをｉＰａｄアプリで行い、自動集計もできるアンケートアプリ「とうろ

くん」を開発した（上写真）。お客さまに来店いただいた際に情報を入力してもらい、データを収集する。

アンケート内容については、自由にカスタマイズすることができる。反響元の確認などに使用していただければ広告掲載の対策にも重宝する。そのため賃貸仲介だけでなく売買営業・オーナーカルテなどさまざまな場面で活躍している。

紙のアンケートでは集計時間を要するが、「とうろくん」ならデータベースが自動で作成されるので、集計にかかる人件費が0になる。リアルタイムで顧客情報分析できるので、素早い経営判断ができる。

また、未回答だと先に進めない仕組みのため記入漏れがなく、メールアドレスの取得率83・1%、電話番号取得率98・9%と個人情報の獲得が容易になり、リアルタイムで分析が可能になる。

　間取りや賃料の希望、人気のエリア・設備、入居理由など、データを分析し、対策をとることで、顧客に必要な「お部屋づくり」や提案資料の作成・オーナー様への空室改善提案での活用など、多くの業務効率化へつながり、働き方改革を実現している。

●社内教育e-ラーニングシステム「きょういくん」

　e-ラーニングの動画システム、スタッフがどれだけ視聴が進んでいるかの進捗管理、賃貸仲介、賃貸管理、不動産売買、不動産投資、資産活用、相続対策など不動産会社に特化したe-ラーニングシステム「きょういくん」。

　スマホやタブレット、PCなどでどこでも受講可能なので、空き時間を有効活用して学習できる。受講者の理解度に合わせて何度でも繰り返し学習が可能で、受講後はテストで理解度チェックも用意されている。自動採点で、80点以上獲得しないと次の動画に進めない仕組みになっている。

　スタッフのレベルに応じて必須授業の設計ができ、従業員一人ひとりに必要なスキルを確実に学べる。

入社後、配属先に必要なプレイリストをいつまでに履修するようにと、総務から連絡がくる。履修状況も管理画面で確認できるので、総務で進捗をサポートしていく。

Ｅ－ラーニングの動画教育により、教育レベルの均一化と、教育コストダウン、繰り返し学習ができることとテストでの自動採点により、定着率を上げる仕組みになっている。また履修ランキングもあり、だれがたくさん学習しているかもモチベーションにつながる。

・「きょういくん」社内利用の声

Q：「きょういくん」（次ページ写真）での研修はどのような点が良かったですか？

私が一番感じた「きょういくん」の魅力は、繰り返し見ることができるということです。新入社員研修の中で、人間の記憶は一日で7割ぐらいなくなってしまうというお話がありました。一日研修を受けたからといって、自分の中に必ず定着するわけではないので、研修の中で大事だなと思ったところや、まだまだ理解が浅いなという部分は家でも復習できるというところが「きょういくん」の最大の魅力だなと思いました。

Q：「きょういくん」での研修を受けてみてどうでしたか？

A：動画の内容を理解していないとテストに合格できず、次に進めません。したがって動

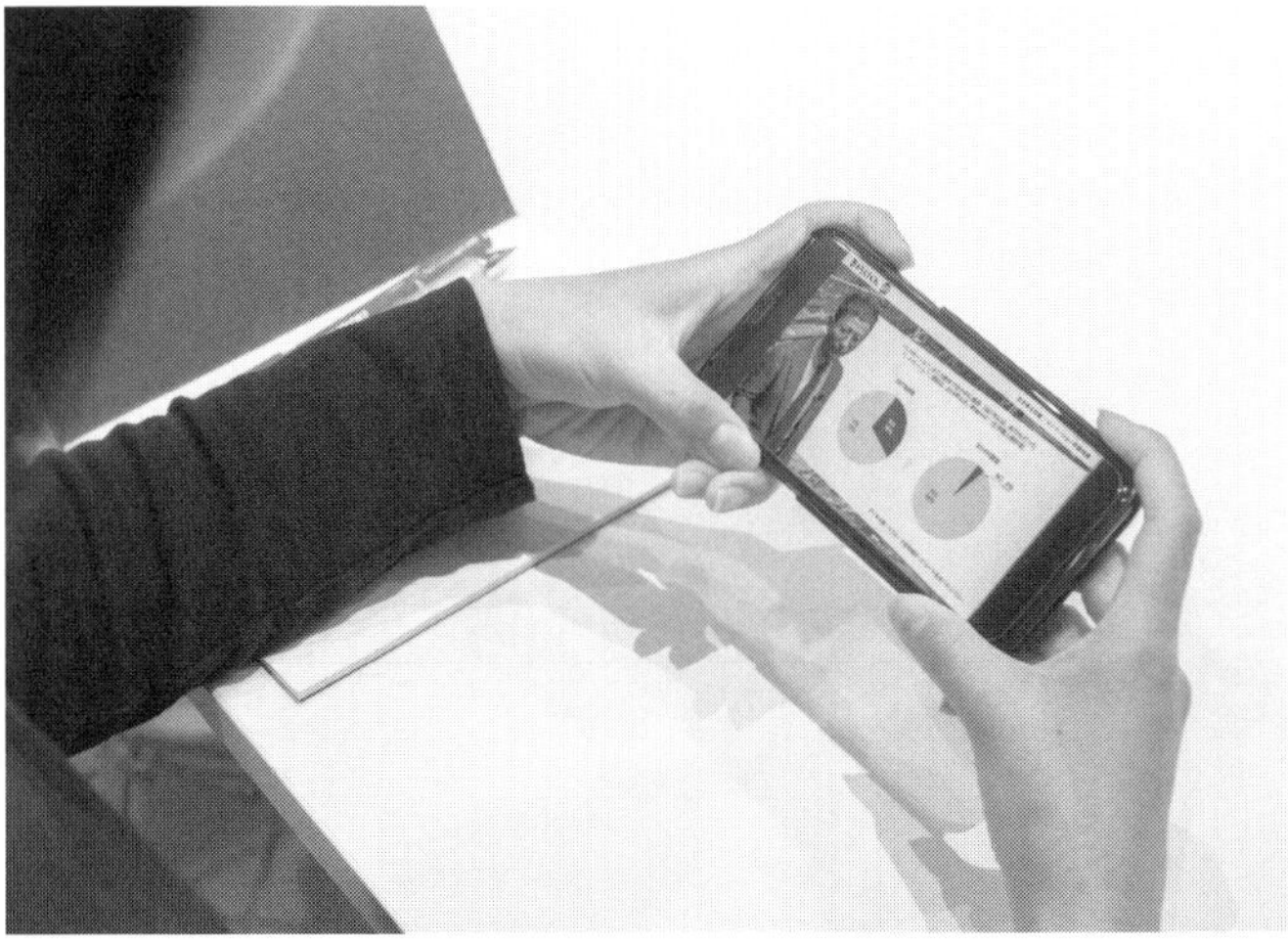

画の内容をしっかり理解し、自分の知識として吸収することができます。

Q：視聴デバイスは？

A：スマートフォンで見ていました。スマートフォンだとわからなかった内容に対して、復習もしやすいです。業務中にわからないことがあれば、スマートフォンで確認したりもしています。

Q：「きょういくん」での研修はどのような点が良かったですか？

A：必須の授業はもちろんしっかり見たのですが、それとは別に興味がある分野の動画も見られるのがよかったです。研修中、プレゼンをする機会があったので、「きょうぃくん」に格納されている先輩方のプレゼンの仕方を見て、参考にしました。また、役員の方のお話も、普段なかなか聞くことができないですが、動画であれば繰り返し見られるので、会社の理念やビジョンが自分の中に浸透しやすかったと思います。

Q：部署配属後も役立っていますか？

A：実際に現場に入ってみて、「きょういくん」で知識を広く浅くではありますが学べたことで、部署の業務内容や雰囲気にすぐ入れました。「きょういくん」では、いままでにないコンテンツも自分たちでどんどんアップしていけて、カスタマイズも可能なので、自分がこれから業務を行なっていくなかで気付いたことや、後輩に伝えることで業務改善できそうなことはどんどん提案して、動画に残していきたいと思います。

Q：「きょういくん」での研修は役に立ちましたか？

A：すごく役に立ちました。自分の部署のことだけでなく、他の部署の業務内容も確認することができるので、自分の担当という狭い視野で仕事をするのではなく、会社全体の流れを掴んでから業務に取り組み理解し、すぐに仕事に慣れることができました。

●建物点検アプリ「きろくん」

賃貸管理において物件点検は、大切な業務の一つ。物件を見るチェック項目や記録、報告はスタッフの経験に頼りがちである。現地点検後も写真データ取込みや、報告書作成などの事務作業も含め多岐にわたり、時間がかかる。そこで業務の無駄を削減する業務改善を行うためにアプリ開発に至った。

建物点検のチェック項目は専門的でわかりづらく、人や経験によって状況の判断が異なり、また、チェックすべき項目が多岐にわたるため、経験者でも点検漏れが発生しがちである。特に生産性の高くない建物巡回・清掃業務については、パート社員やアウトソースにて業務を行うため、人や経験に依存せず、誰でも一定基準を満たす必要がある。

また、物件点検の準備や記録、報告書作成など事務作業も多く、修理箇所の多い物件によっては、1件あたりの巡回・清掃時間より報告書作成などの事務処理に時間がかかってしまうといった矛盾も発生している。

前記のようにわかりにくいため「人に依存」し、「事務作業に時間を費やす」ことを自動化によって、業務改善を行う点検アプリが「きろくん」である。

・誰でもすぐに、物件点検が可能

物件毎に必要なチェック項目を手順通りに点検するだけで人や経験に依存せず、表示された通りに物件点検を進めることができる。表示された項目を順にすべてチェックしていくだけなので、慢性化によるチェック漏れもなくなる。

また、チェック項目で不明点があったとしても、解説が記載されているので、初心者でも間違えることなくスムーズに点検を行うことができる。

さらに、「誰」が「どの物件」に行くかを、PCの管理画面からスケジューリングするため、近いエリアでまとめてルートを設定することにより、移動時間の無駄を減らすことができる。物件点検パートスタッフは、あらかじめ設定されたルートに従い物件巡回し、アプリに従い点検するので簡単だ。

また、オンタイムで現在の進捗状況や一件あたりの点検時間を確認できるため、スタッフの工数管理にも使用している。もし、想定時間より遅いようであればヒアリングを実施し、近くのチームを応援に向かわせたり、OJTにて改善していく。

現地点検で異常箇所を発見した場合、その場で撮影と必要に応じてテキスト情報を入力する。その写真・テキスト情報は自動で記録・保存されるので、事務所へ戻ってから写真データの取込みをする手間がなくなる。自動で記録・保存されたデータから、従来手作業で作成していた点検結果の取りまとめや巡回・点検報告書も、記載したい内容を選択するだけで作成することができ、事務処理時間の大幅な削減につながる。

クラスコでは、導入前に週300分あった事務処理時間が「きろくん」導入後、週30分に圧縮され、約90％の事務処理時間の削減ができた。削減された時間を使って、建物巡回数・点検数を増やすことができた。

また、オーナー様への提案時間を確保できるようになったため、これまで緊急度の高い案件しかオーナー様へ提案できていなかったものが、軽微なものまで提案できるようになり、これまで依頼できていなかった提案をすることで、結果として巡回での売上が4・6倍になった。オーナー様からの提案改善の評判も上がっている。

見積依頼の方法も、例えば「駐車場の白線」と限定し、一括出力・一括依頼を行うことで業者からの見積提出期間が短縮された。

・ペーパーレス化の促進

従来、点検表などは紙ベースで管理していたため、月末には大量の点検表であふれ、その点検表をスキャンし、データ化していたが、現在ではスマホが点検表の代わりになり、紙の無駄遣いもスキャンを行う手間も同時に省くことができた。

この「きろくん」による点検内容のリスト化やスケジュールの一元管理、事務作業の自動化は、これまで人が多くの工数を使って行ってきた業務を大幅に削減することに成功し、その余剰時間で新たな売上をつくるといった、「システムによる利益の向上」のモデルケースとなった。

・「きろくん」社内利用の声

Q：「きろくん」（次ページ写真）を活用したチームマネジメントについては？

A：「きろくん」の管理画面で、スタッフの点検スケジュールがわかり、その人が点検に何分かかっているのか、一人ひとりの行動を把握できるようになりました。この人は１Ｋの点検に15分、この人だと30分といった比較が見える化できるので、スピードアップのための改善点が共有できるようになりました。また、一人ひとりの点検時間に対する意識が変わり、どうしたら点検の時間を効率化できるのかを各自で考えるようになりました。

Q：「きろくん」で経験に依存しない組織づくりができるというのは？

A：不動産業界では人の入れ替わりが頻繁にありますが、「きろくん」を活用することによって、最近入社してきた新入社員でも、２週間で一定のレベルまで点検ができています。

Q：「きろくん」の活用で原状回復の仕事はどのように変わりましたか？

A：リーダーとして、チームマネジメントがより効率的に行なえるようになりました。現場スタッフも、お部屋の点検に行く際に「きろくん」を使うことによって、効率化を図ることができました。経験に依存しないので、誰でも生産性の高い仕事ができるようになったと思います。時間短縮に繋がったことで、プライベートもかなり充実してきました。

・現場スタッフの声

Q：「きろくん」を実際に使用してみたら？

A：原状回復点検については、事前に説明を受けていても、実際に点検するとなるとわからなくて不安なことも多いですが、「きろくん」を使用してみると、何も知らなくてもその点検箇所を選択するだけで表示されるので、項目に沿って進めていくだけだったのでとても助かりました。

Q：「きろくん」を使いこなせるまでの期間は？

A：1週間ほど「きろくん」を使って点検を行い、「きろくん」のどこにどんなボタンがあるのか、どんな機能が使えるのかわかるようになりました。

Q：操作しやすいですか？

A：項目に沿って選択して進めていくことができ、操作しやすいです。

Q：これまでの原状回復のイメージは？

A：いろいろな現場を見て知識を積んだ方がする仕事というイメージがあり、初心者には難しいのではないかと思っていました。いままでは「きろくん」を使えば、どこを見るのか点検箇所が自然にわかるので、専門知識がなくてもでき、イメージが変わりました。

●ＡＩを活用した空室対策ＷＥＢソフト「くうしつたいさくん」（上写真）

全国的に悪化の一途を辿る住宅の空室率。空室が増える状況は年々厳しくなってきている。それはすなわち、どの空室が先に決まるかという競争が激化することでもある。ライバル物件が多くなり、それらに勝つための空室対策を打たなくてはならない。

属人的な業務となっていたオーナー様への提案には、さまざまなトラブルを惹き起こす可能性があった。たとえば、感覚的な提案では効果が出にくく、部屋が決まらない。工事の見積書だけでは説得力が弱く、オーナー様の了承が得られない。提案するべき物件が多く、対応が後手になったり、抜けてしまったりする。複数の担当者から同じオーナー様に提案してしまい、二重投資の危険性がある。担当者が退職すると、情報が引き継がれず提案できない状態になる。

そこで、より精度の高い提案を誰もができるようにし、提案の抜けや漏れをなくすことができるようにするシステム「くうしつたいさくん」を開発した。

このシステムでは、タスク管理が大変な空室対策の提案やオーナー様とのやりとりについて、対応の履歴などをすべて見える化。これにより、空室率改善のためにやらなければいけないこと、対応しなければならないタスクの抜けや漏れを防げるようになった。

さらに、システムに搭載されたＡＩ（人工知能）が、膨大なライバル物件を自動で比較。募集賃料の推定額をデータから自動算出するほか、工事費の額面を入力することで、税引き後のキャッシュフローまでシミュレーションを出すこともできる。オーナー様のファイナンス改善の提案も簡単にできるのだ。

また提案書もチェック一つで出力可能で、スタッフが進めているタスクの進捗やオーナー提案の内容について、このシステムで一括管理することができ、まさに「人間の苦手な部分をＡＩがサポート」するシステムとなっている。

●外壁提案書作成システム「がいへきんぐ」

「外壁工事も提案したいけど、専門知識がなくて……」というお悩みをもつ不動産会社様は、多いのではないか。

あるいは、提案書の作成に時間がかかり億劫だ。話す内容に決まった形式がなく、受注が難しい。提案スタッフによって良し悪しの判断基準がバラバラだ、といったような悩みもあるだろう。

そのような外壁提案の経験が少ないためにノウハウがなく、塗装や補修についてオーナー様にご提案すること自体が難しいと感じている会社様は、実は多いのではないかと思う。

しかし、オーナー様から物件を預かっているのは、ハウスメーカーでもビルダーでもなく、我々管理会社である。点検や保守の業務の一環として、外壁塗装や外壁補修をご提案していくことも、本来は管理会社の業務である。

外壁工事をした方がいいと思われる物件はたくさんあるのに、提案が追いつかず、また受注もできない。そんな状況を変えるべく開発されたのが「がいへきんぐ」(**次ページ写真**)である。

「がいへきんぐ」とは「オーナー提案の担当者」、「外壁劣化診断士・一級建築士」のプロによって「スマートフォンで誰でも簡単に外壁点検ができ、診断書が作成できる」ことを目指して開発されたツールである。

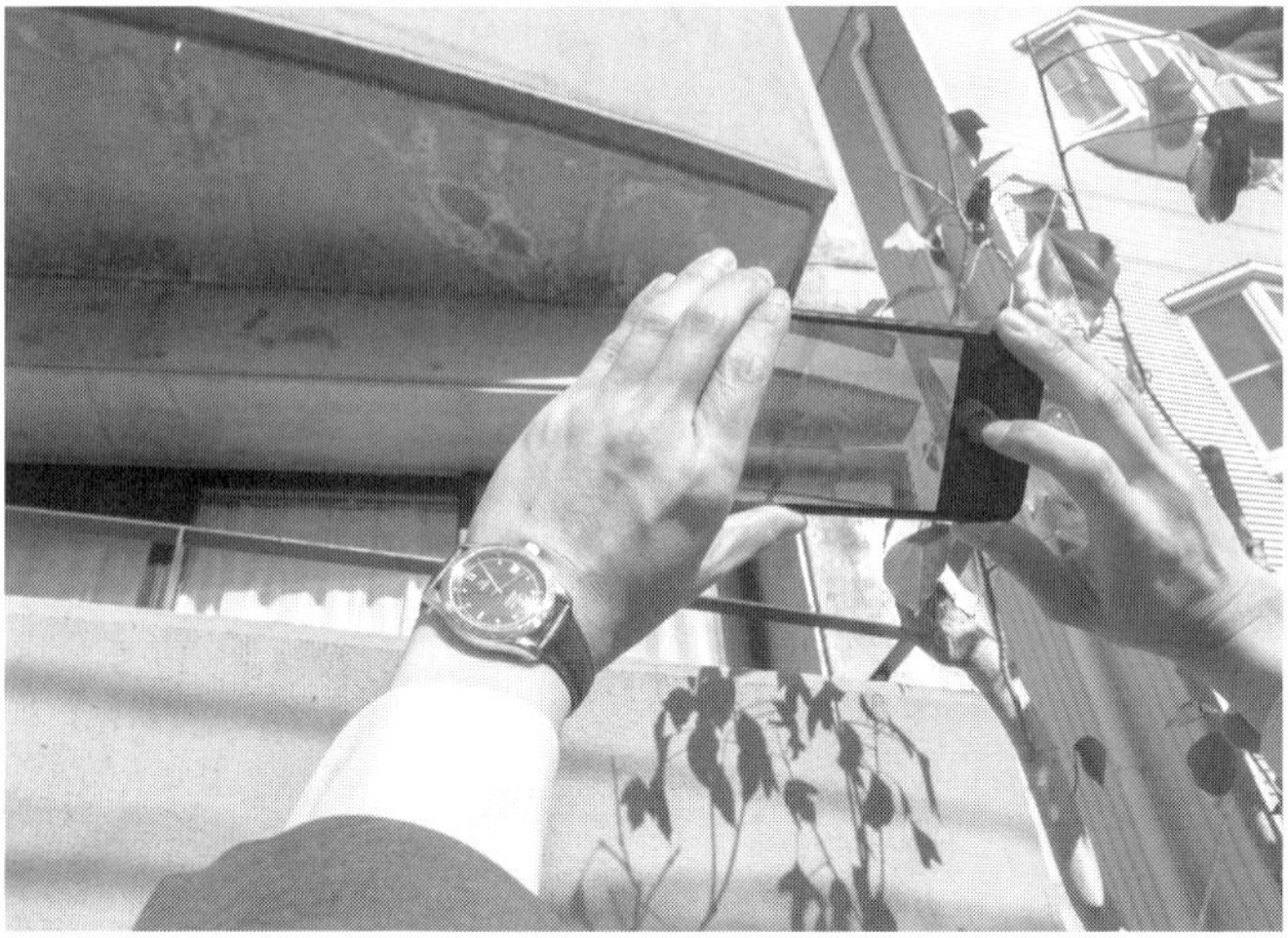

使い方は驚くほど簡単――、

①スマートフォンを持って点検対象の物件（現地）に行く。
②プルダウンで現地の状態を選択（劣化している・割れている・異常なし等）し、撮影する。
③点検終了後、保存された情報を「出力」ボタンで印刷。定型の提案書（ＰＤＦ形式）が出てくる。

ｉＰａｄなどのタブレットも通信機能があれば使えるため、物件点検後にそのままオーナー様のところに提案に行くこともできてしまう。

現在の状態はプルダウンで選択すると、外壁劣化診断士・一級建築士が作成した的確でわかりやすいコメントが自動で表示

（入力）され、診断書に反映される。

チェック項目は「コーキング」「塗装」「鉄部」など、ポイントとなる箇所ごとに用意してあり、それぞれの項目を5段階で評価できるようになっている。具体的な劣化の程度（コーキングに切れ目がある等）が記載されているので、評価する際の判断基準が統一され、誰が点検しても診断書のクオリティが保たれる仕組みとなっている。

「がいへきんぐ」の運用が始まってから、誰でも外壁提案ができるようになったため、提案が必要な物件にかならず提案できるようになり、受注率もあがるようになった。

また、これまでエクセルを使って時間をかけてつくっていた提案書が、点検が終わったと同時に出力できるようになり、提案書作成にかかる時間は86％ダウン。別の業務に充てられる時間が増えた。

●リノベーション分析ソフト「リノベー」

賃貸経営されているオーナー様にとって、コストを再投資する判断はとても難しくなっている。税効果までシミュレーションしないと、結果お金が手元に残らない。そこで、しっかりと税効果もシミュレーションして判断できるソフトを開発した。

さまざまな改善手法が検討できるなかで、オーナー様にとってどれが一番ファイナンス

税引き後キャッシュフロー比較シミュレーション

1 原状回復　2 Renottaライフ（ミドルリノベ）
3 Renottaカラーズ（ワンポイントリノベ）

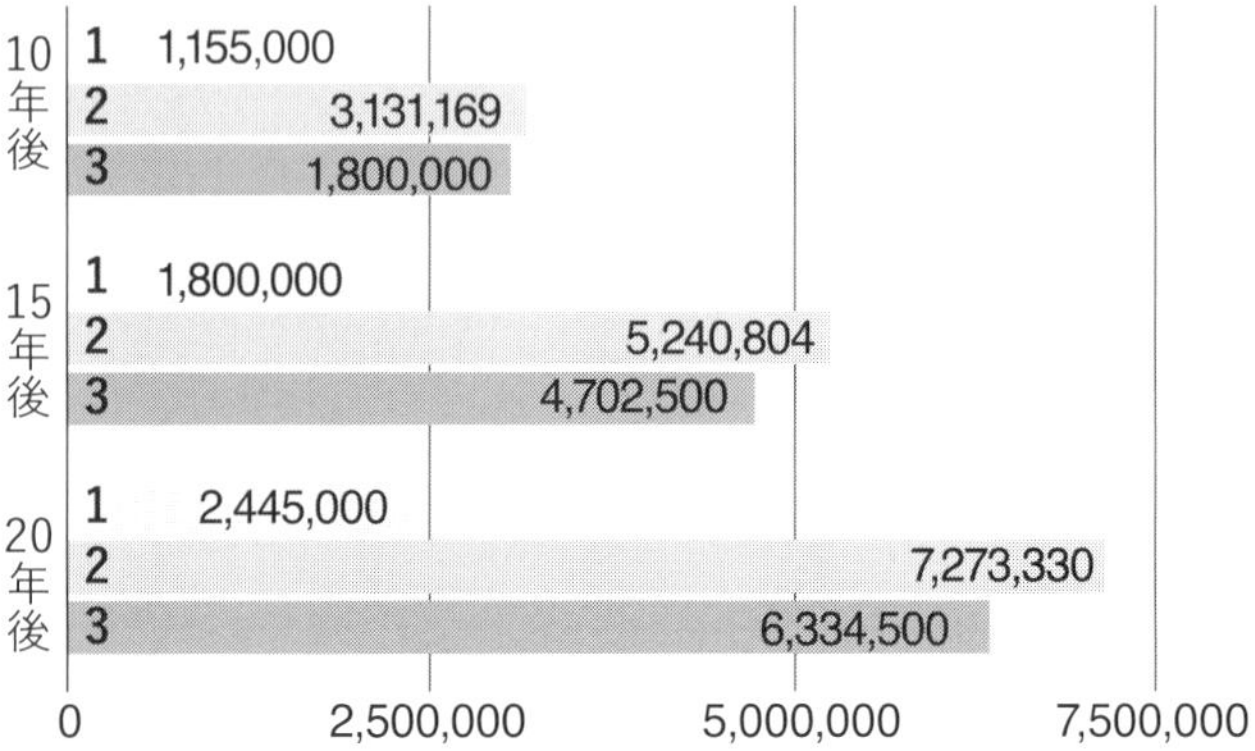

が良いのか、その判断が的確にできるよう、3つの改善手法の投資分析比較を簡単に税引後のキャッシュフローで検討ができるWebソフトだ（**上グラフ**）。

例えば、①原状回復、②軽度のリノベーション、③ミドルリノベーションの3つの改善手法を検討するときに、どの改善手法が一番税引き後のキャッシュフローが多くなるかも検討することができる。

●「ちんたいちょう」

「ちんたいちょう」とは、トラブル対応、サンプル書式（帳票）、不動産用語のノウハウを凝縮したWebマニュアルである。

入居者対応が多い管理会社の管理職にとって悩ましいのは、数多くいる従業員のお客様対応方法を一定以上の基準に保つことではないだろうか。一般的には業務マニュアルを作成し、トレーニングすることで一定水準以上のサービスを目指す。

しかし、マニュアルも作成者によってまとめ方がさまざまで、実際には運用がかえって煩雑になることもある。

また、マニュアルを関係者全員で共有できるような一元管理方法に課題が残る。

そこでクラスコが開発したシステムは――、

①100項目以上の入居者対応マニュアルがWebで閲覧できる
②契約書ひな形から入居者へ配布する案内文まで、300種類以上に及ぶ帳票のサンプルを揃えており、スムーズに作成可能
③賃貸管理、その他不動産に関する基本的な用語の解説を800以上掲載した「用語集」を搭載
④よくあるお問い合わせへの対応例を紹介した「Q&Aリスト」が備わっており、実際の対応に基づいたトーク・スクリプトが掲載され、切り返しの方法が学べる
④マニュアルだけで対応しきれない部分は、ページ内の相談窓口から本部へ問い合わせれば解決へのアドバイスを提示。利用者からの相談を踏まえ、マニュアルもさらに充実していく

——以上を実現した。

実は、クラスコでもかつて下記のような課題を抱えていた。

入居者対応は重要な業務である一方、よくあるお問合わせなどはパターン化しており、正社員だけでなくパート社員も正確に対応できるような環境づくりが求められていた。

また、社員教育に多大な時間を使っていたほか、教える側によって対応方法が変わってしまうこともあり、創業から55年間培ってきた入居者対応ノウハウを集約したマニュアルを制作することになった。

賃貸管理会社にとって重要業務である入居者対応。問い合わせは多岐にわたりスタッフの教育にも多大な時間を要する。対応に差異がありトラブルが生じてしまうこともしばしば。「ちんたいちょう」（**前ページ写真**）はそんな入居者対応のノウハウを内容別に掲載している。シンプルで見やすいデザインと状況に応じた分岐選択など、充実の機能を備えたマニュアルである。

・「ちんたいちょう」導入前

①入居者対応の基準がなく、経験者に頼ることが多い
②基準がないので未経験者は対応がわからず非効率
③クレーム再発率＆エスカレーション率（上司出せ）の上昇
④わざわざ会社に戻らないと帳票が印刷できず、外出先と会社を往復する手間が多い

そこで賃貸管理マニュアル「ちんたいちょう」を導入し、経験の有無に関係なく、誰でも一定以上の対応ができる仕組みをつくった。その結果、次の通り顧客対応に関する課題を解決することができた。

・「ちんたいちょう」導入後

①対応スピード向上と精度を均一化

②未経験者も自信を持って対応することが可能
③クレーム案件の再発率38％減少
④エスカレーション率64％減少
⑤外出先でも帳票のダウンロード、印刷を可能にし、即時対応が可能

クラスコでは、お客様対応を行う部署で、新人社員の教育に年間３０００分かかっていた。「ちんたいちょう」の導入により、年間１５００分削減、50％カットを見込んでいる。「ちんたいちょう」では、お問い合わせへの豊富な対応例の閲覧や便利な帳票サンプル約３００種類を格納している。サンプル書式は、現地での案内文作成に役立つ。

現地では一から案内文を作成する時間は無駄であり、初めて対応する案件でどう案内文を作成すればいいのかと悩む時間もない。「ちんたいちょう」にはあらかじめ案件ごとにサンプル書式が格納させているので、案件ごとに物件名など一部を記入し、車載のプリンターで印刷・配布・掲示を行うだけ。

現場対応の遅れは、顧客からの不満による大きなクレームとなりかねない。逆に、可能な限り早く対応することで信頼につながる。無駄な時間の削減と対応スピードの向上で顧客満足度がアップにつながるようになる。

◀ AIフォトを使用せずに撮影した写真。窓が白飛びしており部屋が狭く感じる。

◀ AIフォトを使用して撮影した写真。部屋内部も窓も明るくはっきり広く撮影できている

●AIフォト

スマホのＡＩを活用したアプリケーション「ＡＩフォト」（上写真）で、簡単に誰でも高品質な写真撮影を可能にした。

最大11枚の写真の明度を分けて高速撮影し、11枚の写真のいいところをＡＩが一枚に最適品質の画像に生成する。ＡＩが自動で行うことにより、撮影も人によって差が出ないように、非常にシンプルなオペレーションで撮影することが可能になる。専門知識がなくても窓や室内などの明度の違う部分も、それぞれに明度を最適化して、クオリティの高い素敵な写真を撮影することができる。

ＡＩフォトを使うと、撮影経験のない不

動産会社のスタッフでも簡単で手頃にプロ並みの物件写真を撮影できます。超高品質仕上がりで被写体の価値を最大限に高め、集客効果を飛躍的に高める。

撮影速度が早い（30秒／枚）、機材に詳しくなくても簡単、スマホでワンクリック、写真編集が不要、委託時よりもコスト1／20、クラウドで瞬時にデータ入手可能。撮影後すぐWeb上にアップロードでき、スマホやPCから簡単にデータを入手できる。

スマホで簡単取付け広角レンズ、専用スマホケースと特殊レンズを使用し最新デジタル一眼広角レンズの効果を実現。水準器搭載＆その場でプレビュー、水平垂直な写真を安定して撮影できる。また撮影したデータはその場ですぐに確認可能。

●AIバーチャル

グーグル・ストリートビューのように部屋の中を確認できるサービス。撮影から1分で完成！　案内付きの360度バーチャルツアーAIの自動合成と補正を使用し、撮影ができる仕組みで、ハイクオリティーな画像が撮影できる。それが「AIバーチャル」（**次ページ写真**）。

バーチャル内見が可能になる仕組みで、AIフォトと同様、明度の違う写真を複数高速撮影し、1枚に最適な画像を生成することで高いクオリティで制作が可能。スマホと三脚

があれば撮影が誰にでも簡単にできる。

お客様のスマホと営業マンのパソコンをリンクさせることにより、同じ画面を見てバーチャル案内することが可能になる。

またインフォメーションマークに物件の詳細説明を入れることができる。インフォメーションマークのなかには画像や動画をはめ込むことができるので、お客様が見て理解することが可能になる。

例えば、インフォメーションマークの中に営業マンの物件説明動画を入れておけば、伝えたいポイントがお客様に確実に伝わることが可能になる。

圧倒的高画質10Ｋ撮影、複数撮影からＡＩが最適化、自動で３６０度画像に変換、営業トークの入れ込みも可能だ。

・ＡＩバーチャルの特徴

①10Ｋ品質の圧倒的クオリティ

②フルＨＤの16倍の超高品質。明度差で距離を感知し、ＡＩが最適品質の画像データに仕上げる

③１分で完成！　スマホで簡単撮影

④１分以内にパノラマ画像を作成。特別レンズと自動生成で画像の節点もスムーズ

⑤物件案内を簡単にバーチャル化

⑥各ポイントにテキストや写真、動画の埋め込みが可能。確実なバーチャル内見が行える

⑦営業スタッフの教育にも活用可能

⑧物件に足を運ぶことなく、営業ポイントの確認が可能。営業力を高め成約率ＵＰにつながる

●ＡＩムービー

ＡＩフォト＋ＡＩバーチャル＋「ＨＤビデオ」生成、抽出無制限！

ＡＩフォト・ＡＩバーチャルで撮影した写真をＷｅｂサイト上で編集し、超高品質撮影

動画として書き出しが無制限で行える。動画投稿が効果的なＳＮＳやオウンドメディアでの紹介など、プロモーションに有効活用いただけるサービス。

16 働きやすい仕組みづくり

●オフィスと音

皆さんのオフィスには、どのような音楽が聞こえているだろうか？

カタカタとキーボードを叩く音やプリンターの音、人の話し声、電話の音など耳をすますとさまざまな音であふれている。時として、その音により集中力や思考力が低下し、思った成果が得られず、「あれ？　何をしてたっけ？」というようなことに陥ることもしばしば。私たちは知らぬ間に、そんな「音」によって支配されていたりする。

オフィス環境を整えるとき、社員一人ひとりが最大限の能力を発揮できるように、できるだけストレスの要因は排除したいところ。心落ち着いて仕事に取り組めるように雑音を取り払おうと考える人も多いかも知れないが、実は静けさがストレスとなることもあるため注意しなければならない。

オフィスのさまざまなストレスの要因に、例えば「空間（会議室やパーソナルスペースの狭さ、窓がないなどの閉塞感）」「汚れ（山積みの書類、はがれた掲示物・展示物など）」なども挙げられ、社員の労働意欲を削ぐことにもなりかねない。

また、職場は「人」の集まりでもある。ちょっとした上司や同僚の目線や物音が気になって作業に集中できないこともある。

以上のようにオフィスには数多くのストレス要因がある。ストレスフルな環境ではどうしても作業効率もダウンしてしまうが、すべての要因を一度に排除するとなるとなかなか難しいもの。しかし、オフィスＢＧＭにひと工夫すれば、一度にすべてを軽減することも夢ではない。

・１／ｆゆらぎについて

「１／ｆ（えふぶんのいち）ゆらぎ」とは、自然音の中に含まれる音のゆらぎのことで、きっちりとした規則性はないものの、ある一定のリズムをもった１／ｆゆらぎを自然音がもっているといわれている。

そして、この１／ｆゆらぎは、我々の心臓の鼓動などの生体リズムと呼応し合うもので、心地の良いものとして受け止められることができる。仕事をしていて疲れたときや深く考えるときなどに、１／ｆゆらぎはリラックス状態に導き、さらにそれが脳に達し、脳からアルファ波が発せられ、すべてが洗い流され、浄化し「メンタル・デトックス」につながっていく。

自然音、例えば雨、水のしずく、小川のせせらぎや風の吹く音など、自然界がもたらす環境音（アンビエント）のこと。

・マスキング効果について

マスキング効果とは、「2つの音が鳴っているときに、片方の音が聞こえなくなるという現象」のこと。これを利用し、生産性を向上させる最適化した音環境をつくり出すことができる。

「環境音（アンビエント）・ホワイトノイズ（テレビで放送終了後に流れる砂あらしのこと）・小川のせせらぎのような自然界の音などのような音を流すことによって、騒音を打ち消して生産的な環境を作ることができる」という研究結果が、アメリカの医学雑誌に発表されている。

・自然音で副交感神経系の働きが高まる

米国の女性向け健康雑誌「ヘルス」の電子版（2017年4月5日付）によると、英国のブライトン・サセックス・メディカル・スクールは、17人の成人に5分間の自然環境音と人工音をそれぞれ聞いてもらった。実験参加者は音を聞いている間、集中力と反応時間を測定するためにタスクを与えられた。

このときの脳の様子を磁気共鳴機能画像法（ＭＲＩ）のスキャンを見て分析するとともに、自律神経系の変化を測定するために、心拍数がモニターされた。自律神経系は、呼吸や血圧、体温の調整、代謝、消化といった人間が無意識で行っている処理を司る。

ＭＲＩを分析したところ、人工音を聞いているときは心配や気分の落ち込みといった心理的ストレスに関係するパターンを示した。心拍数にも変化が見られた。物事に対する反応も、自然音を聞いていたときと比べ遅くなったという。

一方で、自然音を聞いている時は、全体的に体の交感神経反応（危険などに面した際に出る「戦うか逃げるか反応」を引き起こすもの）が低下し、体をリラックスさせる副交感神経反応が高まることが示された。

クラスコでは、できるだけ低予算で業務の効率化やストレスの解消に取り組むため、「自然音」の導入を行っている。音楽には空気を変える力がある。音楽がもつ人間の想像力を刺激し、たくさんのアイデアを生み出す工夫である。音楽を流すことは、非常に自然な形であり、音楽を変えたことで社員間の話題づくりやコミュニケーションの活性化、さらには風通しの良い職場環境につながっていると期待できる。

労働環境をドラスティックに変えるためには、オフィス移転等の莫大なコストをかける必要はない。自然音などオフィスBGMを活用して、個々の社員のパワーも、集団となったときのチームワークも最大限に発揮できる企業を目指していくことができる。

●香りの効果

私たちの周りには「香り」があふれている。草木の匂い、風の匂い、海の香りなど、自然界にも無意識のなかに「香り」が溶け込んでいる。

クラスコでは、そのような「香り」の効能に着目し、社員のやる気や想像力、内なるアイデアをさらに活性化させ、同時にリラックス効果も得られる「ディフューザー」を社内至るところに設置する取り組みを実施している。

「香り」の効果や効能は、現代の科学でも未だ究明し尽くされておらず、未知の部分がたくさんある。それだけに、香りとビジネス、働く環境構築の将来性に、当社は無限の可能性を感じており、寄り添いながら共存する意義は極めて大きいと考えている。

クラスコで設置しているディフューザーは、希少性の高いドットール社製。持続効果も、市販で通常手に入るものより少し長く、価格は少々高めである。香りも、市販のものとは少し異なり、想像欲を掻き立てるような自然界のエレメンツになっている。

また、ドットールは天然原料のみでつくられており、化学物質が成分で入っていないため、人によっては頭痛や体調不良を起こす恐れもなく、いろいろな香りが混在しても不快な匂いにはならないのも特徴。

次に、香りのイメージを簡単に説明しておく。

・自然を想起させる
ARIA（空気）
ACQUA（水）
FUOCO（火）
TERRA（大地）

・食べ物を連想させる
ARANCIO CANNELLA（オレンジ・シナモン）
MELOGRANO（ザクロ）
SPEZIE RARE（レア・スパイス）

・可憐な花畑を連想させる
MAGNOLIA ORCHIDEA（マグノリア・ラン）

TUBEROSA MUGHETTO（テュベローズ・スズラン）

——など、実にさまざまな種類がある。

設置場所は、本社はエントランス、2階ラウンジなどお客様をおもてなしするメインエリアから、社員が一斉に集うプレゼンテーションシアター、個別会議で使用するアイデア創造会議室、各従業員の居室スペースなど各所である。

・来客対応／エントランス：Oud Nobile（ウード・ノービレ）

ベルガモットや気品あふれるネロリが美しく調和し、神秘的で唯一無二な香りを演出。まさに、お客様をお迎えするような空間にピッタリの香り。

・役員室：Rosso Nobile（ロッソ・ノービレ）

赤ワイン・スミレ・バラの芳醇な香りが重なり、ユニークなハーモニーを演出。経験豊かな大人同士のお付き合いをさらに重厚に彩る。

・商談室：ACQUA（アクア）

バジルの葉にホワイトムスクとソルトが個性を引き立たせる、清々しく透明な香り。

・打ち合わせ室：Green Flowers（グリーンフラワーズ）

グリーンノートのナチュラルで落ち着いた印象の香り。

良い匂いを部屋の中に漂わせ、その香りを嗅ぐと心も体もリフレッシュできるが、実は香りには感染症予防をサポートする効果も期待できる。香りによっては抗菌作用も優れており、病気を引き起こす原因とされる様々な病原菌に全般的に効き目があると言われている。

気持ち良い香りに包まれながら感染症対策もでき効果的である。

さらに、賃貸物件のホームステージングや、弊社「カウリノ」や「カウイエ」などのモデルルーム、リノベーション物件のアクセントとしても、当社は非常に多くの「ディフューザー」（**次ページ写真**）に囲まれている。

日常のなかに「香り」を常に提案し続け、社員もそれに付随して、居心地の良い空間、時として集中力を高める空間としても、環境をうまく使い分けをしている。

「香り」を活用することで、リラックス効果が図れ、集中力アップ、また社員一人ひとりが元気になる効果を実感できている。

他社のオフィスや店舗との差別化をするにも「香り」は最適であり、多くの効果とおもてなしを意識した取り組みでもある。

ドットール・ヴラニエスのフレグランスは、クラスコでもお取り扱いしている。下記セレクトショップのWebサイトよりご購入いただくか、営業までお問い合わせ願いたい。

現在、社内のパートタイマーの比率は約40%になり、ほとんどのオペレーティブな業務を担ってもらっている。これらの実績は、さまざまなテクノロジーの活用なくしては実現できない。

●思考の広さを最大にするホワイトボード

小さなホワイトボードだと、会議が進むにつれてスペースが足りなくなってしまう。ホワイトボードに書くスペースが足りなくなると、書いては消しての繰り返しになり、

それまで話していたことや、決まったことが書き残せず、その時点に戻って検討し直すといったことができない。

これでは、自由な意見が次々と出てくるような活発な会議ができそうにない。決まるものも決まらず、素晴らしいアイデアも生まれようがない。

そのような悩みを解決するため、クラスコでは複数ある会議室の壁一面をすべてホワイトボードにしている。思考の広さとホワイトボードが比例するので、できるだけ大きなホワイトボードを設置しているなかでも一番大きなホワイトボードがあるのがアイデア実行会議室（**上写真**）。

「キャンバスの広さが思考の広さ」

これだけ大きければスペースが足りなく

なることもなく、会議の始めから終わりまでホワイトボードを消さずに使用することができる。良いアイデアがたくさん生まれそうな会議室である。

6人掛けのラウンジの壁にも、一面がホワイトボードになっている。

クラスコでは、確実に会議の議事録を残し、すぐに共有する。議事録では決まったこと、つまり会議の結果は共有できても、その会議の結果に至るまでの流れややりとり、今後役に立ちそうなアイデアなどその場でしか共有できない情報は残しにくい。

そんなとき壁一面にホワイトボードがあれば、スペースを気にせず自由闊達な議論を行い、会議終了後に写真を撮って記録するだけで、議事録だけでは残せない情報を漏れなく共有することができる。

そのときには気に留めなかった些細な文字の中に、実は大切なヒントが隠されているかもしれない。そのすべてを記録に残しておけば会議の後でそれに気づくかもしれないだろう。

そのような意味で、会議室の環境が会議の中身を左右するといっても過言ではないのである。

しかも、この壁一面のホワイトボード化は難しくなく、誰でもすぐに実行できるアイデアである。

やり方は簡単。ホワイトボードシートを用意して壁に貼るだけで完了。なかには接着剤不要の商品などもあるので、より手軽に実行可能である。

●観葉植物が職場にもたらす嬉しい効果

観葉植物と聞いて、どのようなイメージを持たれるだろうか。

「グリーン（観葉植物）が働き方改革に効果がある」と言ったら、どう思うだろうか？

人がグリーンに抱くイメージは、癒やし・光合成・目に優しい・酸素・インテリア……などさまざまである。

クラスコでは近年、オフィスのいたるところに観葉植物を設置している。お客様をお迎えするエントランスはもちろんのこと、デスク周りや会議室内にも季節感をプラスしながら配置している。

ではなぜ、オフィス空間にグリーンがあると良いのか？

ホテルのロビーや美容室、飲食店などに置かれることの多い観葉植物だが、まったく置かない殺風景な職場と、癒やしのグリーンが置かれる職場では、どちらに良いイメージをもつだろうか？　言うまでもなく、植物があった方が気持ち良い空間であることは、誰もが思うところだろう。

植物を置く一番の効果は「ストレス軽減」である。

植物にはフィトケミカルという物質を放出したり、有害物質を吸着したりマイナスイオンを発生させる空気清浄作用がある。それが緊張を和らげるため、イライラの軽減や眼精疲労の緩和、集中力のアップにつながるとされている。コミュニケーションを円滑化させより雰囲気の良い職場環境づくりに役立つ。

また、その見た目に効果がある。色彩学では緑色は調和をもたらし、安心や安定を心にもたらすとされ、実際に植物の緑が血圧を下げ、呼吸を落ち着かせることも科学的に証明されている。

さらに、植物にはさまざまな葉の形状、色味、斑などがあり、その造形美を自然と深く味わい鑑賞するためリラクゼーションの効果があるという。

・観葉植物の効果的な飾り方

調査によると、「緑視率の最適解は10%~15%であり、人は視界に占める植物が多すぎてもストレスを感じ、パフォーマンスが低下する」とのこと。適切量のグリーンがストレスを軽減する。部屋の大きさに合わせて大きさや個数を変える必要がある。

（＊緑視率：人の視界に占める緑の割合で、緑の多さを表す指標）

・適切な植物の選び方

室内に置いてあまり日光を浴びずに成長できる、耐陰性のある観葉植物もある。蛍光灯や白熱灯の光だけでも育てることができ、初心者や多少手入れができない環境でもオフィスの主役となる観葉植物を育てることが可能。

観葉植物は、種類によって天井に高く伸びていくモノや横に大きく広がるモノもある。買ったときは小さかったのに、大きくなりすぎて置き場所に困るということがないように、どのくらい大きく成長するのかを事前にチェックしておくことがポイント。

●ガラス張り

クラスコでは、会議室と事務所と役員室がガラス張りとなっており、すべての空間を全社員が見通すことができる。

・会議室がガラス張り空間になることのメリット

①独立性と広さ：ガラス張りの部屋では、独立したスペースを確保しつつ、ガラスで視界を妨げないので広く感じる効果がある。

②議論の活発化：室外の様子が見える空間で議論をすることで心理的にオープンな状態になり、活発な議論をしやすくなる。

③会議のプロセスの透明化：「どのようなメンバーの会議で決定したのか」という過程が、社員からも見えるようになるため、決定事項を実行する現場社員も内容を受け入れやすくなり、業務効率が上がるという好循環が生まれる。

ガラスはあらゆる色や素材との相性が良く、クラスコではカラフルな椅子と白色のスタンディングデスクを設置しているが、ガラス窓との相性が良く、ポップで明るい空間演出にも一役買っている（**上写真**）。

・会議室がガラス張り空間になることのデメリット

外からの視線が気になり議論に集中しに

くいことがある。そのためクラスコでは縦型ブラインドを設置し、ＴＰＯに合わせて空間をつくっている。ちなみに、縦型ブラインドは横型と比べホコリが溜まりにくいというメリットもある。

・事務所がガラス張りに空間になることのメリット

①中の様子が見えることで、お客様に安心感をもっていただける。

②「誰がどこにいて、どんな仕事をしているのか」が別のフロアにいる社員にも見える。

③他部署が何をして、どんな状況にあるのかがすぐ把握でき、互いをフォローする意識が生まれやすくなる。

・役員室がガラス張りになることのメリット

役員と社員の間にある心理的垣根が取り払われ、普段の仕事において上層部との意思疎通が図りやすくなる。

以上のように、透明性の高い空間は、仕事に直接ポジティブな効果がある。

さらに、思わぬ効果としては、人材の採用にも良い影響があった。クラスコの企業説明会や採用選考会で学生にクラスコのイメージや志望動機を尋ねると、多くの学生が「オフィスがおしゃれで、人間関係も良い雰囲気が伝わってきた。働きたくなった」との感想をいただいた。

学生が選ぶ人気企業の特徴として、年収や福利厚生に加え風通しが良い職場環境の人気も高まっており、オフィスの様子がガラス越しに見えることで職場内のリアルな雰囲気が学生に伝わっているようである。

●1ON1面談

ある調査によると「部下と信頼関係が築けている」と回答した上司は7割、「上司と信頼関係が築けている」と回答した部下は6割という結果が出ている。

上司と関係が良好だと回答した部下は、「仕事満足度・やる気・定着意欲が高く、ストレスは低い」という結果も出ており、やはり会社での人間関係は社員のパフォーマンスに影響することが明らかだった（参照：「職場の上司と部下の関係実態調査」２０１０年）。

クラスコでは関係性をより良くするため、「１ON1面談」（上司と部下が1対1で行うスタイル）を導入しており、社員は毎月1回、パートスタッフは3ヵ月に1回、業務の相談・確認をじっくりと行える機会を設けている。

ここで、当社内で行った「１ON1面談」による心情の変化、上長との関係性の変化に関するアンケート調査（回答者１３５名）を行った結果があるので、その有用性などについて見ていこう（**次ページグラフ**）。

なお、回答者の属性は次の通りである。回答者数は全１３５名で、女性81名（事務職65名、営業職16名）、男性54名（事務職10名、営業職44名）。

①「１ＯＮ１面談で自分の意見を言えていますか」という問いに対して、約90％のスタッフが自分の意見を言えていると回答。一方、残念ながら「どちらかといえば言えていない」「言えていない」と答えたスタッフが14名（10・３％）で、そのすべてが女性事務職スタッフであった。このように、現在の面談形式に改善点があることも判明した。

②「１ＯＮ１面談を行ってから、上長との関係性に変化はありましたか」という問いに対し、「良くなった」「どちらかといえば良くなった」が46・７％、「変化なし」が51・９％と、98・５％以上の人が「人間関係に影響がなかった」、または「関係性が良くなった」と回答している。

言いたいことを言うと関係性がギクシャクするのではないかと予想していたが、それを裏切る結果だった。話すことで部署内のルールや現状、上司の考えや会社の方針への理解を深め納得し、高い意欲と向上心をもって業務に取り組むことができるようになるのかも

1on1 面談を実施するようになって、ご自身がどのように変化したか近いものをお選びください（複数回答可）

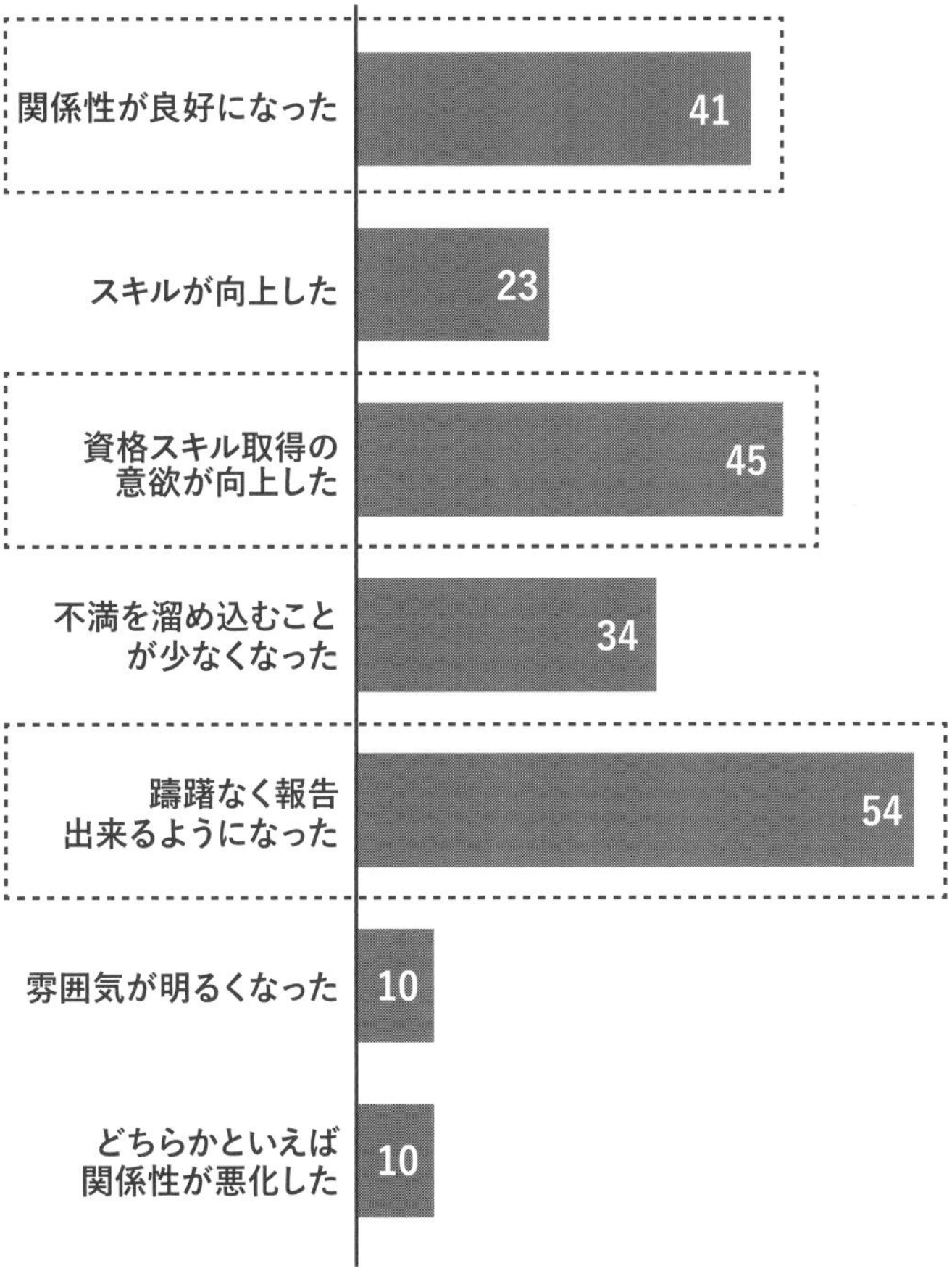

しれない。

③「1ON1面談を行うようになって、ご自身がどのように変化したか、最も近いものをお選びください(複数回答可)」という問いには、次のような結果が出た(**前ページグラフ**中、全回答217のなかで多かったのは点線で囲った部分)。「関係性が良好になった」「業務スキル取得の意欲が向上した」「躊躇なく報告できるようになった」などポジティブな変化が多数を占めた。また、回答数は多くないものの、「業務スキルが向上した」という意見も一定数あった。

日々業務を行う中で生まれる疑問点が1ON1面談の中で解決されている証拠ではないだろうか。

業務中に発生した疑問点はすぐに解決したいと思うのが一般的。疑問点が発生した時点で即解決できればいいが、上司の不在や忙しそうなどといった理由から即解決できないケースもある。そんなときに、1ON1面談の時間を使ってまとめて解決ができていると推測できる。

④「今後も1ON1面談を継続して行っていくことが望ましいですか」という問いに、135名のうち「大いに継続して欲しい」「継続してほしい」と回答したのは87名（64・5％）で過半数を超え、「どちらでもよい」と回答したのは35名（25・9％）で、合計90・4％が継続に前向きとも言える。多くのスタッフが継続を希望した理由として、多くの人がポジティブな変化を体感しているためである。

その一方で、10％以下のポジティブではない回答も軽視できない。この10％の回答者の多くはアンケートの第2問で「1ON1面談で自分の意見を言えていない」と回答している。全員に1ON1面談を有意義なものであると感じてもらうためには、まだまだ改善が必要と言える。

ちなみに、「まったく感じない」と回答した人は3・7％いた。

⑤「1ON1面談を行う頻度は適切だと思いますか」という問いに対しては、次のような回答があった。なお1ON1面談は、社員の場合、毎月1回、パートスタッフの場合は3ヵ月に1回行っている。「適正」が89名（65・9％）と大多数を占めており、現在の実施頻度に一定の評価があると言える。次いで多かったのが「回数が多い」30名（22・2％）であ

る。多くの営業職が「回数が多い」と回答すると予測していたが、予想に反し「回数が多い」と回答した30名のうち22名が事務職スタッフ。なかには「社員も3ヵ月に1回の頻度で十分だと思う。1ヵ月の短いスパンで改善が見えてくるとは思えない」と記入したスタッフもいる。

事務職スタッフはルーティン業務も多く、短い期間では改善の体感や効果検証が難しいのかもしれない。さて、最後の自由記入欄に書かれていたことについても触れておこう。

⑥「1ON1面談に関する自由なご意見をお書きください」という問いには、次のような声が寄せられた。一部をご紹介する。

「タイムリーなフィードバックが必要。ちょっとしたギャップや違和感を抱えた状態が長引くほど精神衛生上よくない。なかなか上司との時間も取れないため、毎月1回の面談実施を希望します。パートさんも毎月1回行うと良いと思う」（女性営業職）

「面談する立場ですが、普段言えないことを聞いたり、悩みなどを聞くいい機会になっていますので必要性を感じます」（男性管理職）

面談を受けるスタッフ、行うスタッフの双方から1ON1面談の必要性があるとの意見があり、上司と部下が1対1で話ができる機会は双方のニーズを満たしていることがわかりました。

以上、クラスコ社内での1ON1面談に関するアンケート調査では、上司・部下の関係性向上や業務の改善が検証できた。

現在、課題を抱えている企業、スムーズなコミュニケーションを目指す場合は、まずは月1回の1ON1面談を導入されてみてはいかがかと思う。

●健康になり、生産性が上がるスタンディングデスク（上写真）

スタンディングデスクによる効果のアンケート

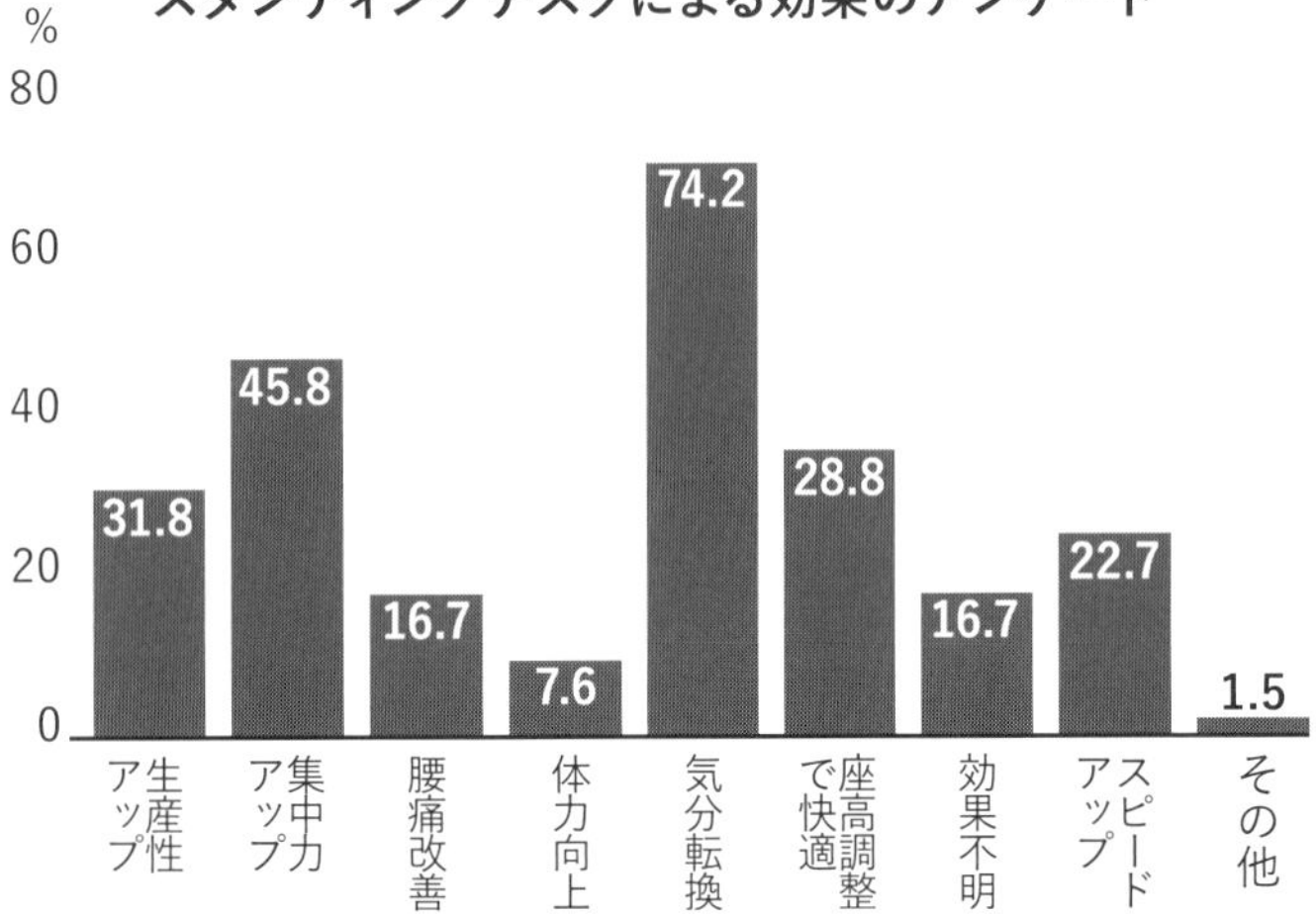

クラスコでは、長時間座っていることが健康に悪いという見解（筋肉の弱体化、抑うつ、高血糖、心筋梗塞、肺がん、脳梗塞、認知症、乳がん、狭心症、高血圧、腰痛、糖尿病などのリスクを高める）に基づき、２０１８年秋から営業・事務職を問わず希望者に限り、立って業務を行うスタンディングワークを導入している。

気持ちの変化などを全スタッフ対象にアンケートを実施、数値化してみた。回答者数は１２９名。その分析結果をご紹介しよう（**上グラフ**）。

①業種の選択

回答したスタッフのうち、事務職が69人（約55％）、営業職が59人（約45％）。事務

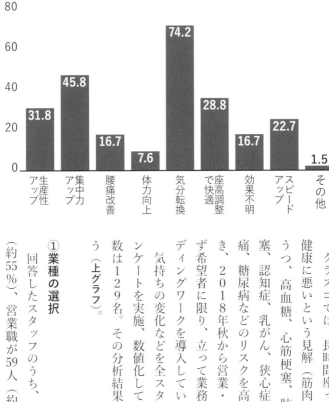

職のスタッフは半数以上が使用していることが判明した。事務職は営業職と違い、デスクワークがメインになり体を動かす機会が減少し、健康に悪影響を及ぼすことをスタッフ自らが理解し、改善しようと努力している様子が伺える。

スタンディングデスクを使用することで、事務職の気分が上向いている時間が長くなっているように感じる。また事務所内に笑顔が増え、話しかけやすい雰囲気であることが多いとの意見も見られた。

スタンディングワークによりスタッフ間の会話が増加したことが、その一因であると推測される。

②活用前と活用後の変化

現在スタンディングデスクを活用していると回答したスタッフ（65人）を対象に、複数選択可で聞いた。その結果、74・2％が気分転換になると回答している。

注目すべきは、30％以上のスタッフが「生産性があがったように感じる」、約50％のスタッフが「集中力があがったように感じる」と答えている点だ。昼食後に眠気と格闘しながらの業務、夕方の疲れが溜まった状態での業務など、さまざまな場面で効果を発揮している様子がうかがえる。

自由記述の回答の一部も、ご紹介しておこう。

「スタッフより相談を受ける機会が増えたように感じる」(事務職・次長)

「部下がすべて女性という部署に在籍しており、部署で男性が私一人で大変な時期もありましたが、スタンディングデスクの方が会話は聞きやすい環境でコミュニケーションの促進につながったと感じます」

「来客対応が変わった。動線がスムーズになった」(営業職・スタッフ)

「急な来客時にも、即座に声がけがしやすくなり、お客様へのファースト対応や席までの誘導が円滑に行えるようになりました。ただし、個人的には着座の方が集中できることもあり、状況に応じてケースバイケースに使い分けることで最大限効果が発揮されると思います」

③長く座ることへの健康リスクの認識度

アンケート回答者全員を対象に、長時間座っていることが健康に悪いことを認識しているかどうかも調査した。結果、約90%以上のスタッフが認識しているとのことだが、会社としては100%の認識度を目指すことが必要であると思う。全員が長時間座ることのリスクを正しく理解し、適切な対策を取り、スタッフ一人ひとりが健康で長期間活き活きと働いてほしいと思う。

④スタンディングデスク使用時に工夫している点

スタンディングデスクを使用しているスタッフで記載してくれた44人（65人中）対象（自由記述）。

最も多かった回答は、「バランスデスクや足つぼマッサージなど何かしらに乗っている」。バランスデスクに乗ることで体幹運動になり、靴を脱ぐことで嫌な足蒸れからも解放されて一石二鳥。

デスクが近いスタッフ間で共有することも見受けられる。また、スタンディングデスク未使用者が休みのスタッフのスタンディングデスクを使用して業務を行っていたり、健康的なワークスタイルとして注目されるスタンディングデスクに皆興味津々というところである。

クラスコでは2018年末に再度スタンディングデスク使用希望者を募り、発注済み、現在到着待ちとなっている。周りがスタンディングデスクを使用しているのを見て、使用したいと思っているスタッフも多い。

・スタンディング・ミーティングの導入

会議が思うように進まず、イライラしたりダラダラしたりでは、発言が少なく消極的で新しいアイデアが出にくくなってしまう。それではせっかく貴重な時間を割いてまで集まったのに時間が無駄になり、会社としても生産性が低くなる。

生産性の高い仕事には、生産性の高い会議が必要。クラスコではそういう会議をなくすために「スタンディング・ミーティング」を取り入れている。

「スタンディング・ミーティング」とはその名の通り立ちながら行う会議のこと。一般的な会議といえば机と椅子を並べ、座って行うことが多い。しかし、スタンディング・ミーティングでは、電動式スタンディングデスクを上げる、それを取り囲むようにして会議を行う。

ワシントン大学の研究グループが、座って会議をした人とスタンディングで会議をした人の腕にそれぞれ温度センサーを付け、生理的な覚醒状態を比較するという実験を行った。その結果、立ちながら会議をした人の方が、心拍数が上がったり、呼吸が早くなったりといった興奮状態が長くキープされ、創造的なアイデアが生まれやすくなったそうだ。

スタンディング・ミーティングを取り入れることで、会議の集中力を高め、より活発な意見交換や会議の効率アップが期待できる。

なお、クラスコでは会議をするときの決まりごととして、次のような項目を挙げている。

①発言しない人は会議に参加しない

②終了の時間を決めておく

発言しない人は会議に参加しても何も生み出さず、その時間を使って営業などで売り上げをあげた方が会社としても生産性は上がる。また、終わりを決めずに会議を行うとダラダラと長引く可能性があり、その分生産性も下がる。

スタンディング・ミーティングは机一つで行うことができるので、準備する時間も手間も省くことができる。近年、スタンディング・ミーティングはベンチャー企業から大企業まで、あらゆる企業が取り入れ始め、立ちながら会議をする文化は徐々に広まりつつある。

●照明計画

働きやすいオフィスをつくる上で大切な要素の一つに照明計画がある。

オフィスが暗い環境では業務も捗《はかど》らないということで、天井に蛍光灯が整然と並び事務机を照らしている。そのような光景が日本のオフィスの典型。それは、一定の照度で仕事をしたほうが作業に集中でき業務効率が上がる、と提唱され続けていることに起因している。

しかし、明るすぎるとかえって集中できず、少し暗い環境下の方が仕事は捗る、という意見もある。このように意見が別れる背景には、オフィスにおける仕事の質が変わってきていることにある。ひと昔前までは仕事の多くが生産業務、事務作業などのルーティン・ワークが多かったのに対して、現代は戦略を立てたり、商品の企画や開発といったクリエイティブな仕事が増えてきている。

・照明の要素1／明るさ

明るさを表す単位を照度という。主に単位は2種類あり、テーブル面や床面、壁などの光を受けるものの照度の単位を「lx＝ルクス」という。それに対して照明器具などの光源そのものの発する照度を表す単位を「lm＝ルーメン」という。

一般的には明るいほうが脳は活性化し、暗いほうが眠りの状態に近づき、停滞すると言われている。そのため、明るい環境がオフィスに適していると言われる。

一方で、人がその活性効果を持続できる時間も1時間と言われており、その環境下で働き続けるのは過労の原因にもなり得るので、適度な休憩が必要となってくる。

また、照度の強い環境下の中では、目に入ってくる情報量も多く、脳が疲れるため、継続的に頭を使い、パフォーマンスを発揮しなければならない仕事には向かない環境といえる。

・照明の要素2／色

照明の色を示す単位を色温度と言い「k＝ケルビン」と表される。ロウソクや電球のようにオレンジの明かりは色温度が低く、青空や昼光色蛍光灯のような青い光は色温度が高い。

照度とともに、色温度も人の働き方に影響を与える。

色温度の低い、あたたかい光は脳が落ち着き、色温度の高いつめたい光は脳が活発になると言われている。多くのオフィスで蛍光灯の昼光色が使用されているのもそのため。つまり私たちが見慣れている蛍光灯が並ぶ青白く明るいオフィスは、明るさも色味も脳がより活発になるように設定されているということである。

明るさ・色に関する照明がもたらす効果については、**次ページの図・写真**をご覧いただきたい。カラーではないので見にくいが、イメージはおわかりいただけると思う。

・仕事に合った照度と色温度

脳を活性化させたいのであれば照度が明るく、色温度も高い環境が向いていることがわかる。

【照明の色味の単位（色温度）】

K（ケルビン）⇒青みがかかるほど数値が高い

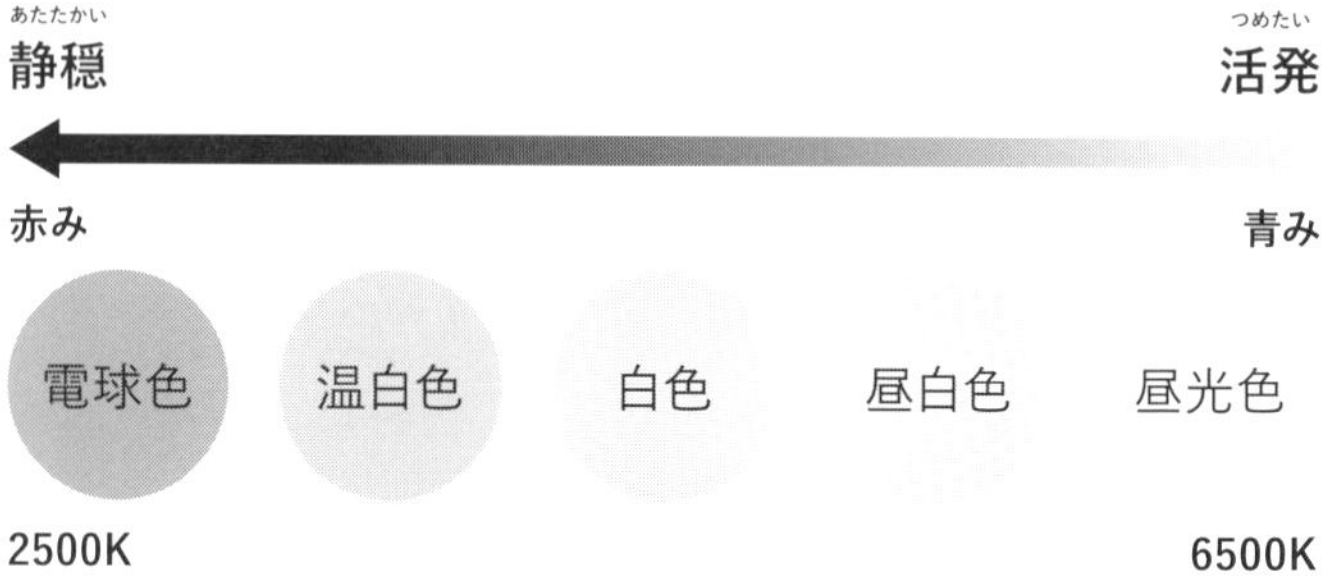

【照明の明るさの単位】

lx（ルクス）⇒明るいほど数値が高い

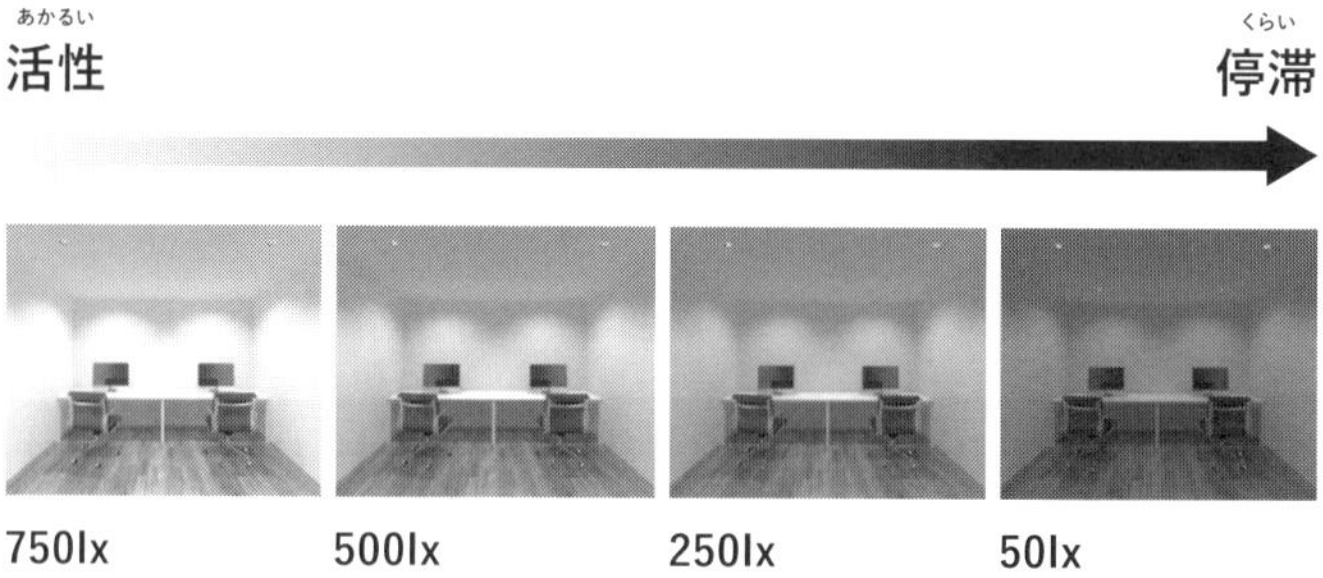

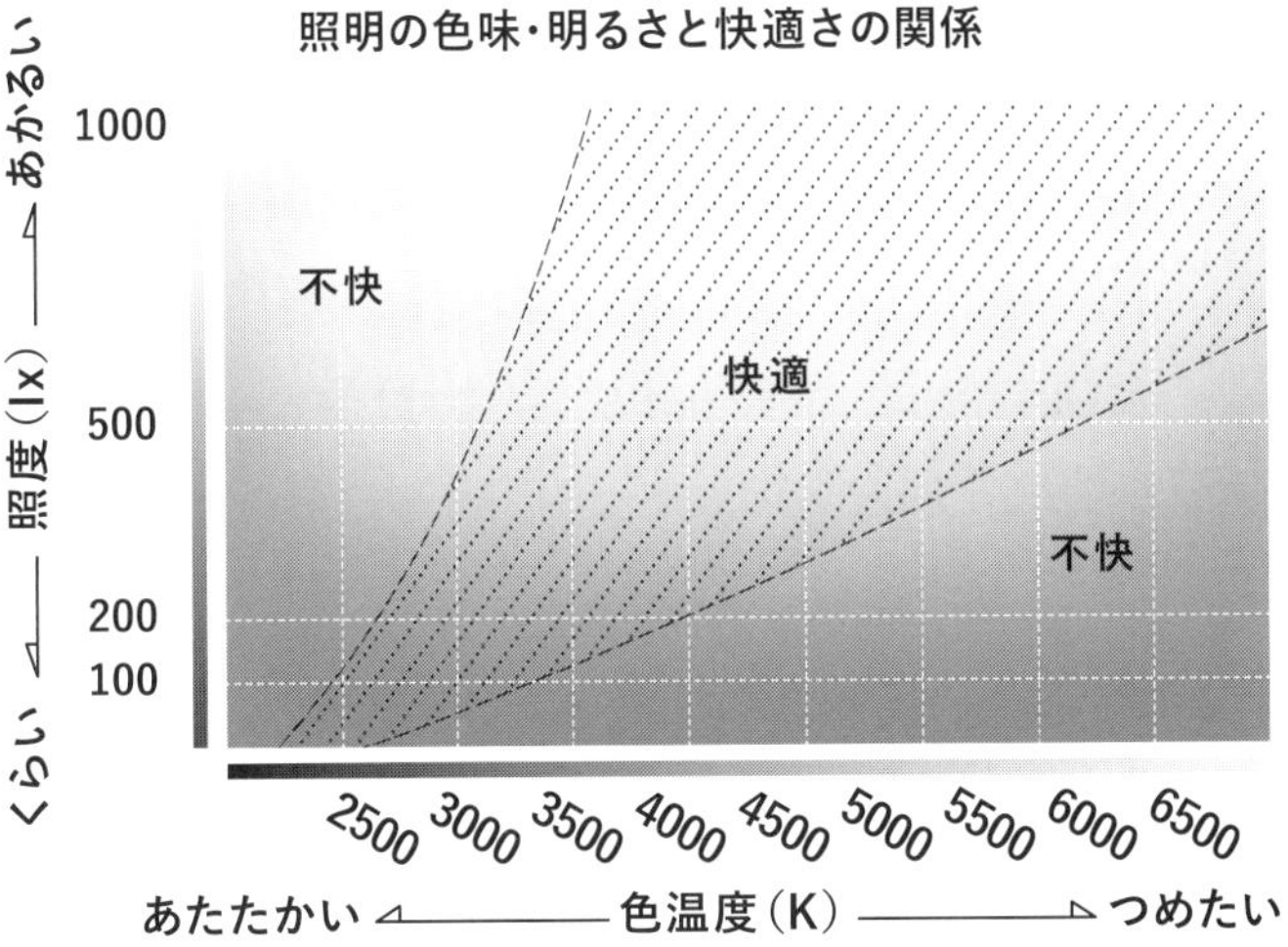

ただ、照度も色温度も高い環境下では「疲れてしまう」「集中できない」という社員の声が多い場合は、照明の照度と色温度を調整してみる必要がある。最近のLEDでは調光調色タイプの灯の明るさも色味も細かくコントロールできるものがある。

照度と色温度、どういった組み合わせ良いのか、オランダの物理学者クルイトフが提唱した照度と色温度の関係を示したものが**上のグラフ**である。

図から、照明の色温度が高い冷たい色の場合は照度が明るいほうが快適ということが解る。つまり青白く明るい蛍光灯を使ったオフィスの照度と色温度の組み合わせは、快適さという点においても一つの正解と言える。

上のＣＧは照度７５０lx、色温度６５００kのオフィスの照明をシミュレーションしたもの。スッキリ目が醒めるような爽やかな照明で、ルーティン・ワークを行うには最適である。

しかし、疲労蓄積には注意が必要。目や脳の疲れを軽減するためにもオフィス内には無駄な文字などの情報は極力減らし、自然の景色や観葉植物などを取り込む工夫も必要である。

一方、照明の色温度の低い温かい色でも快適な明るさはある。前ページの図から、温かい色の場合は明るさを抑えめの照度のほうが快適ということがわかる。

いままで仕事をするには明るさが必要なためオフィスで取り入れられることはなか

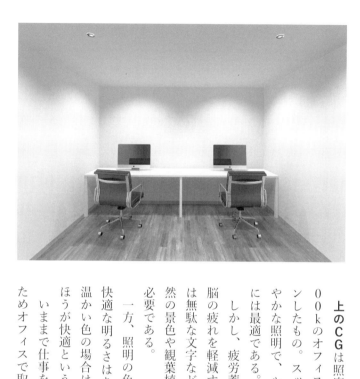

ったが、近年の働き方はテーブルの上で書類を書いたり、作業をするといった仕事よりも、パソコンでの作業がメインになってきており、明るさが絶対的に必要とは言えない時代になっている。特にアイデアを出す事が必要なクリエイティブな職種では、電球色の明る過ぎないオフィスが増えて来ている。

上のCGは、先ほどのCGを照度250lx、色温度2500kに設定変更したもの。同じ空間でも照明が変わるだけで大きく印象が変わる。

眠くなりやすいというデメリットはあるが、外部からの脳への無駄な情報を軽減し、アイデアを出したり戦略を組み立てるのに適している。疲れが蓄積しにくいので、パフォーマンスを維持しやすいというメリットもある。眠くなった場合は明るい環境に移動してリフレッシュするなどの対策もとると効果的。

照度と色温度を組み合わせるといくつもの種類の照明がある。大切なのは自分たちの仕事をより理解し、脳にどのような負荷を掛けているかを把握することである。

いまの環境では眠くなりやすいということであれば、照度と色温度を上げたほうがいいかもしれない。就業開始時は集中できるが、時間に立つに連れて疲れて効率が下がるということであれば色温度を1段階落としてもいいかもしれない。また用途に応じて事務室毎の照明の種類を変えてもいいだろう。朝、昼、夜と照明の照度、色温度をコントロールするのも効果的である。

●クラスコのイベント

・クラスコンペ

クラスコでは、アイデアを全社員で共有できるイベント「クラスコンペ」を開催している（クラスコ×コンペティション＝クラスコンペ）。クラスコンペとは、アイデアを社員全員から集め、プレゼンテーションを勝ち抜いた優れたアイデアに対して評価・賞賛するプレゼン大会である。

クラスコは、誰でもアイデアを生み出せるような強い体質の会社を目指している。過去には、クラスコンペでグランプリを獲得したアイデアが実際に事業としてスタートする例や、大学と連携して学生からアイデアを募ることで、より斬新なアイデアが生まれるといった例も出てきており、ひとつのアイデアが個人や会社の枠を超えて、大きな影響をもたらすイベントになっている。


〈クラスコンペを行う前〉

良いアイデアを持っていても、経営者に伝えることができない。

考えることをしないため社員からアイデアが生まれない。

自ら会社を良い方向へ変えようとしないため、変化のない毎日となる。

経営者が事業を決めるため、どうしても社員は業務を指示通り行うだけになってしまう。


〈クラスコンペを行うようになってから〉

社員にとっては、自らの考えたアイデアをプレゼンする機会がある。加えて、自らの考えたアイデアが評価・賞賛を受け、事業化されるチャンスまでもあり、モチベーションのアップにつながる。

経営者にとっても、社員からアイデアを集めることができ、両者にメリットがある。

役職や勤続年数に関係なく、アイデアを発表できるため、新入社員や若い社員にとっては自己をアピールできる絶好の機会となる。

また、社員だけではなく、地域の学生にも参加していただき、学生ならではのアイデアを募集することができる。学生にとっては、一企業にアイデアを評価されることで自信につながる貴重な体験となる。

・クラデミーアワード

営業部署であれば、個人の目標数字が明確になっており、評価基準は明らかである。しかし、非生産部門の社員は一人ひとりの仕事の目標を数字に置き換えることが難しく、評価基準もあいまいになりがち。平等に評価されないと社員のモチベーションは下がり、自ら考え、創意工夫して仕事に取り組もうという気持ちにはならない。

また、業務の中で出てきた課題を解決するための優れた取り組みがあっても、そのノウハウが個人の中にしか蓄積されず、会社全体として資産になっていないため、同じようなことで悩んでいるスタッフがいたとしても、自分で解決策を考えることになってしまう。

そのような小さなことでも、それが積み重なると会社としては大きな損失につながっていく。

クラスコでは毎年、生産部門・非生産部門に関わらず、全社員を対象に自らの1年間の取り組みを棚卸しして、言語化する「クラデミーアワード」(**上写真**)という社内イベントを開催している。そして、言語化した取り組みを全社で共有して、優れた取り組みを評価・賞賛している。

数年前から始まったこの取り組みは、社員の仕事に対するモチベーションアップと個人の資産(優れたノウハウ)が会社の資産として蓄積されている。

〈クラデミーアワードを開く前〉

工夫して仕事に取り組んではいるが、評価されない。部署が評価されたとしても、個人評価は受けにくい。評価がされないから仕事へのモチベーションが続かない。

勤続年数とともにスキルや知識はアップするが、会社のノウハウが増えない。つまり、個人・会社の両者にとってマイナスとなっていた。

営業部署は、成績に合わせて評価されているが、非生産部署は評価されにくいため、部署間の協力が上手くいかず、組織力が弱まっていた。改善が生まれない。


〈クラデミーアワードが開かれるようになってから〉


年に一度、全社員の前で個人の成果が評価される場がある。

日々の業務の中で漫然とではなく、ノウハウの蓄積や業務改善箇所の模索と効率化を意識して業務に取り込むようになる。

個人のノウハウを全社員が共有することにより、全社員の教育・レベルアップにつながる。

さらには、個人の仕事にフォーカスが当てられ仕事へのモチベーションもアップする。

営業部署・非生産部署関係なく評価される平等の場が与えられることで、今まで光の当たりにくかった部署の意欲が向上。他部署の取り組みを理解する場となり、組織力がアップする。

改善が年間４５２件、自主的に実行された。

・REAL ESTATE AGENT AWARDS――日本一決定戦

日本一の不動産業務改善王は誰の手に、とのうたい文句で行われる「ＲＥＡＬ　ＥＳＴＡＴＥ　ＡＧＥＮＴ　ＡＷＡＲＤＳ――日本一決定戦」。全国の不動産業界の中で最も優れたプロセス・取組みを共有＆表彰することで個人の知を業界の知に広げ、業界全体をより良くすることを目指す大会だ。

平成から令和へ変わり、業界を取り巻く環境の変化もさらにスピードを増していく。そんな時代に立ち向かうべく、日々工夫を凝らし続けるスタッフたちがいる。

日本の不動産業界を変えるアイデア実行を全国の不動産会社様を対象にエントリーしてもらい、グランプリなど順位をつけ、表彰とノウハウ共有する場をつくっている。

・TATSUJIN AWARDS SWITCH（タツジンアワードスイッチ）

クラスコグループが年に一度開催する最大のイベント「ＴＡＴＳＵＪＩＮ　ＡＷＡＲＤＳ　ＳＷＩＴＣＨ」。

業務・経営改善のためのさまざまなサービスを同業の企業へ提供している。当イベントでは、これらのサービス利用企業の中から、優れたサービス活用事例を挙げた企業の各種表彰と、成功ノウハウを徹底的に解説するプレゼンテーションを行う。また、クラスコグループの取り組む働き方改革や業界の発展に欠かせないテクノロジー活用、ビジョンの発表もある。

　未来の不動産業界のあり方と、現状どのように業務・経営改善に取り組めばよいのかを、全国の事例を通し提示することで、来場者のさまざまなスイッチを「ＯＮ」にすることを目的としている。


〈見どころ〉

招待枠限定の特別大型イベント。

３６０度スクリーンを用いたプレゼンテーション
ゲストの心を動かすおもてなし。

ビュッフェ形式のパーティーによる業界間交流。

全国の弊社不動産テックご利用企業の実績に対する表彰に加え、各社のノウハウを共有。

・Retech X

「ReTech X」は、ReTech（Real Estate Technology／不動産業界におけるテクノロジーの活用）と「掛け合わせる」という意味合いで名付けられた。

２０１９年５月に開催。就職活動は依然売り手市場で、人材確保が困難な状況が続いている。また不動産業界は未だ属人的な業務が多く、働き方改革が進むなか、これまでの業務のやり方を見直すことが求められている。

当イベントでは、このような業界の問題を解決するべく、採用活動で効果があったさまざまな取り組みをご紹介したほか、全国の賃貸管理有力企業から厳選した3社の、テクノロジーを活用したビジネスモデルシフト成功事例を代表者自ら本音で発表した。

ご来場いただいた方からは、「今後の課題が見えてきた」、「企業ビジョンやブランディング、社員教育の重要さがわかった」、「仕事に対するモチベーションが上がった」という声をいただいた。

今後はクラスコの新商品の発表会も追加され、業界の課題に向き合うイベントとして進化していく。

●モーニング・ミーティング＆スタディ

クラスコではもともと、夜に店舗の閉店を早め、全社会議を業務終了時間をまたいで行っていた。会議開始が業務終了後からになるので、当然頭も疲れていて集中力も低下している。疲れた様子で会議に参加している社員もちらほら。そんな状態で2時間も3時間も会議をやっても効率はあがらない。

しかも就業時間を超えて会議が行なわれていたので、当然会議の参加者全員が残業を行ったことになる。これはコストの面からみても会社にとっての負担が大きい。

そして、現在では「働き方改革」の文字を新聞で見ない日はないくらい、世間のいたるところで話題になっている。クラスコでもこのような社会情勢のなかにあって、このまま夜に会議を続けることは必要なのかを深く考えた。

会議を夜にやってしまうと会議は際限なく続いてしまい、準備や後片付けを入れると帰る時間もずいぶん遅くなってしまう。こうなると次の日の業務にも支障が出てしまう。

また、社員が疲弊しているなか、経営陣がいかに大切な話をしてもしっかりと伝わらない。話す側、聞く側双方にとって、これほどもったいないことはない。これでは会議をしている意味がない。

そこで、クラスコでは現在、月に一度全社員が集合して、モーニング・ミーティングという名の会議を行っている。朝の9時から2時間、ビジョンの共有や業務連絡などを行う。

なぜ朝イチで会議を行っているのかというと、会議は朝行うことが最も効率がよく効果的である、ということが実感できたからである。

朝に会議を行う身体的メリットと物理的メリットをそれぞれの観点から挙げておこう。まずは身体的メリットとしては、朝は脳がよく働くということ。その理由の一つに「決断疲れ」がないということが挙げられる。

決断疲れとは、人は一日の中でさまざまな決断をする。朝食のメニューやその日着る服のことなど。そしてそれらを繰り返すと、知らず知らずのうちに脳が疲労してしまう。そのため、夕方にはすでにたくさんの決断をして脳が疲れている状態になっている。だから、起きてから決断の回数が少ない朝のうちのほうが、脳が元気な状態である。

かのアップルのCEOスティーブ・ジョブスは、常にジーパンに黒のタートルネックという服装だった。フェイスブックCEOのマーク・ザッカーバーグもいつもグレーのTシャツを着ている。これらは、仕事でたくさんの決断をしなくてはならない彼らにとって、少しでも決断疲れを軽減させるための対策だといわれている。

物理的なメリットとしては、朝は時間の調整がつけやすいということ。日中や夕方は社内外から様々な連絡が入り、時には急な予定変更も余儀なくされる。そして夜は、各自プライベートの予定を入れていることも多く、全員の都合を合わせることが非常に困難である。それに対し、朝はメールチェックなど比較的事務的な仕事に割り当てている方が多い

ため、日中や夕方よりも比較的参加者の予定が合わせやすい。

以上が朝会議（上写真）を行うメリットである。

しかし、朝の会議にも注意点はある。

それは、これまで夜に行っていた会議を朝の2時間に行うということは使える時間が制限されるという点である。

これは効率化、残業削減等のメリットもある反面、会議の目的を明確化して準備をしっかりと行わないと、ただ集まって何も生まれない時間を過ごすことになる。そのため、今回の会議の目的は何か、優先的に決めることは何かといったことをきちんと整理して臨むことが大切になってくる。

このように会議を行う頻度は同じでも、

行う時間帯を変え、時間を制限することで社員が良い状態で効率よく会議を行うことができ、会議本来の目的を果たすことができるようになる。

これからは限られた時間でいかに効率よく働き、結果を出すか、という点が重視される世の中になってくる。社員各自の残業時間の削減も大きな課題であるが、会社全体で行う会議や行事などまずは会社の制度やルールとして変更できるものから実践して、働き方改革の土壌をつくることが肝要である。

ビジョンの共有や最新の取り組みの共有、時代の流れ世の中の流れ、クラスコの成功事例や失敗事例の共有を行う。大事な社員教育の場でもある。

PART 4

企業価値と意志をデザインで表現するブランディング

17 ブランディングとは何か

ブランディングとは、顧客にブランドを好きになってもらい、選んでもらえるようにするために、常にアップデートし続けていく行為のことを指す。ブランドの現在進行形がブランディングである。

企業が大切にしている価値を実現しようとする意志をデザインで表現するためには、ブランディングに取り組む必要がある。さらに、自社がブランドとなり、顧客から選ばれるためには、ブランディングに取り組むことが重要になる。

会社のＤＮＡを浮き彫りにし、その企業の一貫したストーリーを顧客に届ける。そして

ギャップをブランディングで解決

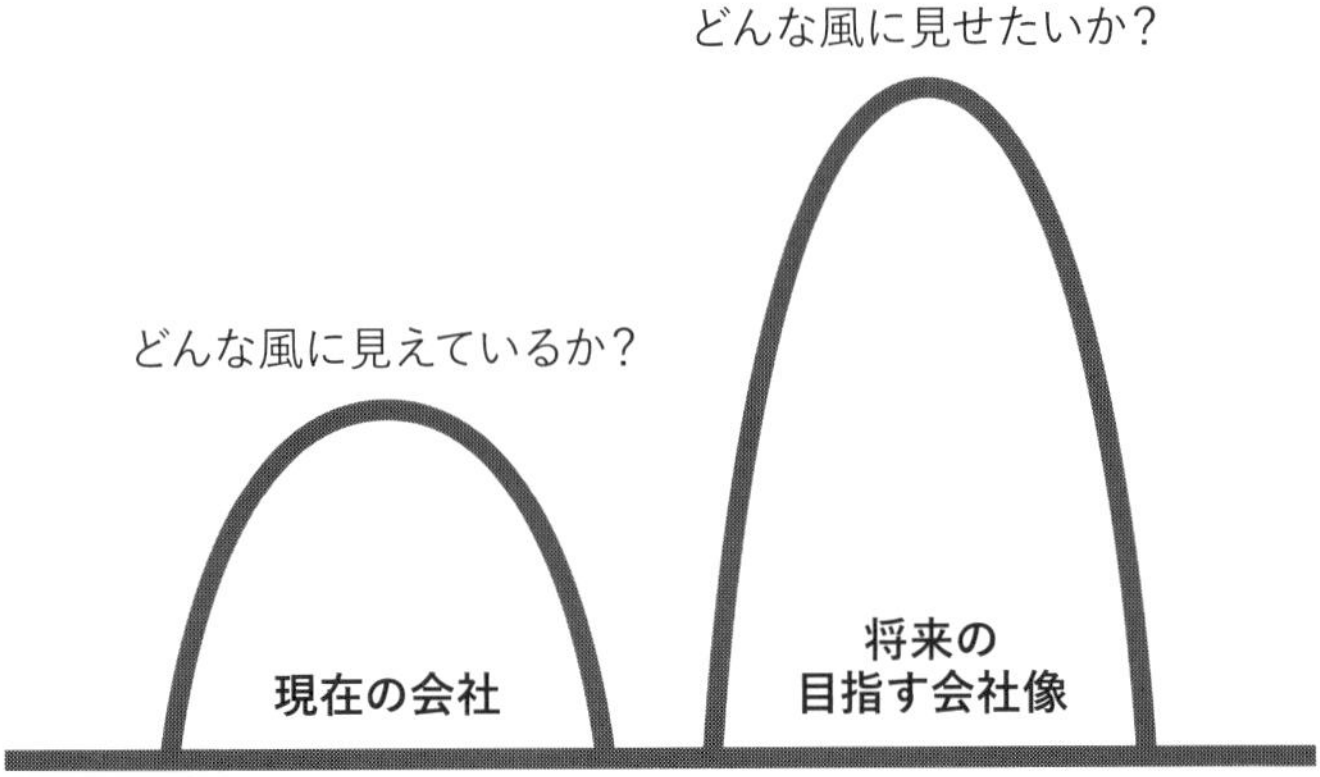

今後、目指すべき姿を明確にしたビジョンを顧客に伝えることで差別化する手法である（上図）。

ブランドは実体のないイメージの集合体であり、顧客の頭の中に存在する実体のないイメージの集合体であり、したがって綿密で継続的な情報操作が必要となる。

ブランディングが企業経営の中核にあり、顧客や働き手から会社が見られたいイメージを創造することをコントロールすることが可能になる。

ブランドとは頭に浮かぶビジュアルイメージで、○○と聞いたら○○を頭に浮かべるというのがブランディングのゴールだ。

ブランディングを導入し、アップデートし続けることで、企業経営が躍進することができる。ブランディング導入以前と比べると、ハイクラスの人材を採用することができたり、顧客が集まってくる。

ブランディングは日々アップデートしていくものなので、会社の成長段階によって、進化をくりかえすことで、さらに会社が成長することができる。

日本企業の99％が中小企業といわれている。中小企業がブランディングを導入している率は非常に低い。おそらく9割以上の企業が本質的なブランディングを理解できていないように感じる。だからこそ、ブランディングを導入することで差別化を図ることができる。

日本全国で人手不足、そして人口減少、経済の縮小と中小企業にとって厳しい時代が到来している。ブランディング手法を使うことで、採用でも効果がでて、たくさんの学生さんがクラスコを受けにきてくれるように変わった。「マイナビ」のアクセスランキングでも県内で1位を獲得する日もあり、注目される企業に変貌した。

また、スタッフの親御さんから「いい会社に入ったね」とおっしゃっていただいたり、会社の格が変わったように実感している。

いままでと同じように働いていても、ブランディングを導入することによって、「頑張っていますね！」「どこに行ってもクラスコ見ますよ！」など声をかけていただくことも多くなった。

ブランディングにより経営がビジョンの実現に向かうことができ、プロモーションも最大限効率化できている。

18 企業価値を上げ、選ばれる企業になるブランディング

ブランドとは「焼印をつけること」を意味するbranderから派生した言葉。牧場で飼っていた牛に焼印をつけたことがブランドのはじまりである。焼印をつけることで、牛を識別する記号として使用していた。その焼印のついている牛が評判になり、識別記号が品質を保証するものへと変化していった。

大量生産、大量消費の時代になり、ブランドは品質保証の「印」へと意味が変わっていった。そして、モノやサービスが均質化してくるにともない、ブランドは価値観や世界観の顧客体験の違いによって、差別化するものとなった。

アップルなどは熱狂的なファンがいることで有名である。新しい商品が出ると、アップルストアでは長蛇の列ができ、アップルのスタッフとハイタッチして喜びをわかちあうなど通常の顧客を超えたファンがたくさんいる。ファンがたくさんいることで、店舗1平方フィートあたりの売上もアップルが一番高い企業となっている。

顧客体験でファンを獲得することにより、客単価の高い売上も結果としてたたきだせるのだ。

19 ブランド資産は5つの要素から構成される

企業ブランディングは、企業のブランド資産を上げるということがゴールになる。

ブランド資産の構成要素として、ブランド学の権威デビッド・ワーカー教授は次の5つを挙げる。

①ブランド資産1：ブランド認知(Brand Visibility)

ブランド認知とは、「ブランド認識」されている度合いを指す。Brand Visibilityの「Visibility」とは「顧客がブランド名を知っている」というだけでなく、「商品・サービスが正しく伝わり認識されているか」どうかが大事になってくる。

そのブランドを聞いたことがあるだけではダメで、例えば吉野家はファストフードの牛丼屋さん、スターバックスがカフェで居心地の良い店内がある、など名前を聞いて良いイメージが浮かぶことが大切なのである。

②ブランド資産2：知覚品質(Trust & Perceived Quality)

知覚品質とは、端的に言えば「そのブランドに対して、生活者側が認識している品質」のことを指す。知覚品質は、企業側が設定した「事実としての品質」とは異なり、「生活者側が認識している品質」のことを指す。

そのため、単に製品の機能・性能だけでなく、信頼性やサービス、雰囲気など、その範囲は多岐にわたる。

経営学者のR・バゼルとB・ゲイルらによる研究によれば、知覚品質で下位20％に属するビジネスは、平均して約17％のROI（投資した資産に対して得られた利益のこと）しかない。それに比べ、知覚品質が上位20％に属するビジネスでは、ほぼ2倍のROIが得られているという。知覚品質は事業収益への貢献度が高く、ブランド・エクイティ(出資)のなかで特に重要な管理要素となる。

知覚品質が実際の品質以上に良いと思われているか、お米やミネラルウォーターのように実際の違いがわからないか、その価格差は知覚品質の違いということになる。

③ブランド資産3：ブランド・ロイヤルティ(Brand Loyalty)

ブランド・ロイヤルティとは、ブランドに対して感じる「愛着の度合い」であり、ブランド・ロイヤルティが向上すると、ブランドのリピート率は高まる。口コミをしてくれたり、ファンになってもらえることもある、とても大事な要素。

D・A・アーカーも、ブランド・ロイヤルティは「ブランド・エクイティの要素のなかでも特別なもの」として明確に位置づけており、ブランド・エクイティのなかでもとりわけ重要な要素となる。

④ブランド資産4：ブランド連想(Brand Associations)

ブランド連想とは、「生活者がブランドについて解釈し、想起する一連の連想」のことを指す。強いブランドは、そのブランドを思い浮かべた際に、何かしらの連想が頭の中に思い浮かぶことが多い。

ブランド連想は一貫性があり、独自性のある良いイメージを持たれているかどうかがポイントとなる。例えばスターバックスはサードプレイス、ディズニーは魔法の国、などである。もしも好ましいブランド連想が一つも思い浮かばなければ、生活者はそのブランドに価値を感じることはなく、感情移入されることもない。その結果、指名で購入されることもないということである。

また、ブランド連想は感情移入や指名買いを誘引するだけでなく、強く個性的なブランド連想を築くことによって、競合との差別化を行ううえでの重要な基盤にもなる。

⑤ブランド資産5：その他のブランド資産

ブランディング全体図

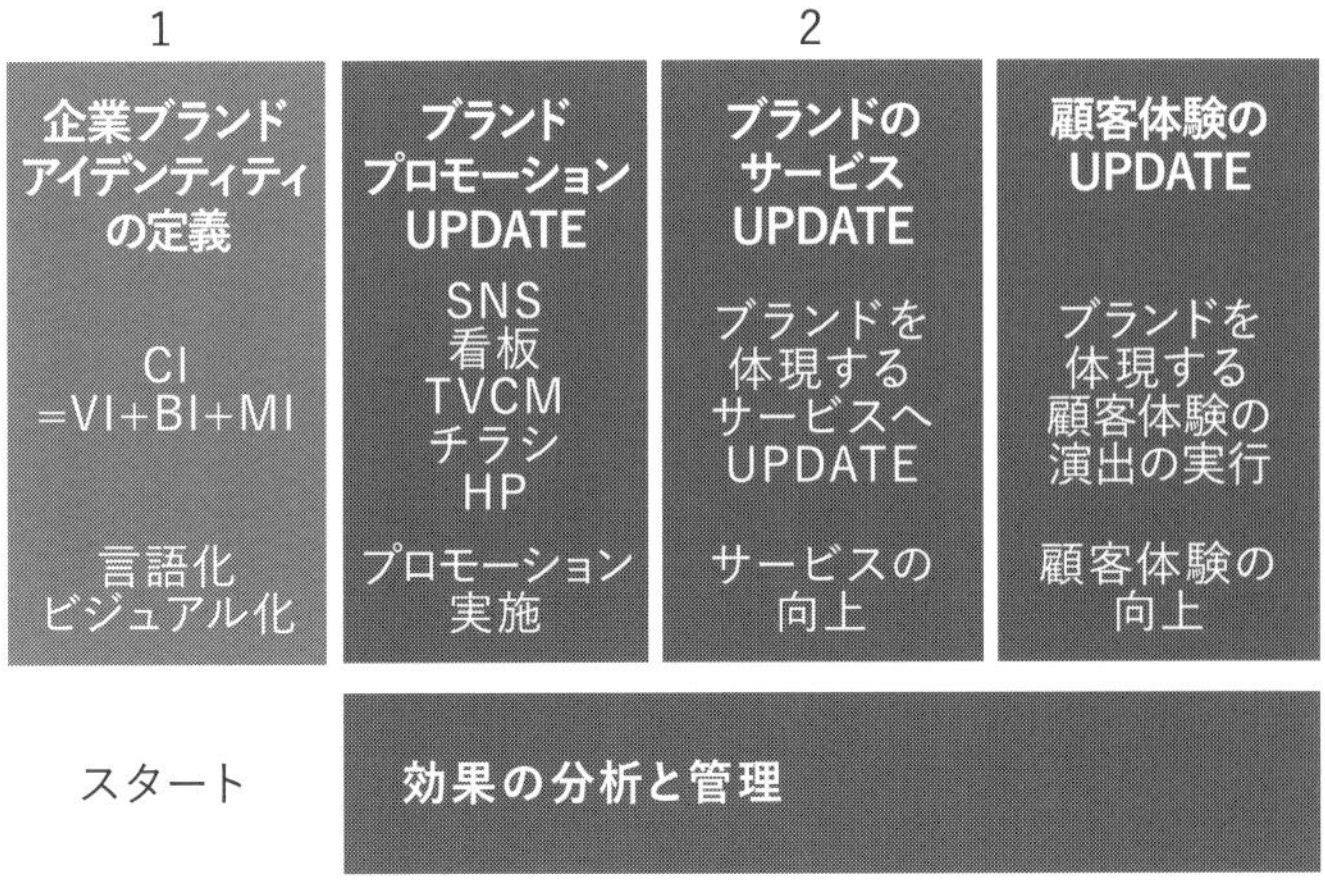

その他とは、ブランド以外の知的所有権のある無形資産（特許、商標など）や取引先との強固な関係性などを指す。

以上の5つの要素を使い、ブランド資産を構築していく。

20 ブランディング全体設計図

ブランディングは、企業ブランドのアイデンティティを定義するところから始まる。その後はブランド・プロモーションやブランドのサービス・商品のアップデート、顧客体験をアップデートしていくことが必要になる（**上図**）。

ブランドは実体のないイメージの集合体

ブランドのフェーズによって優先順位が変わる

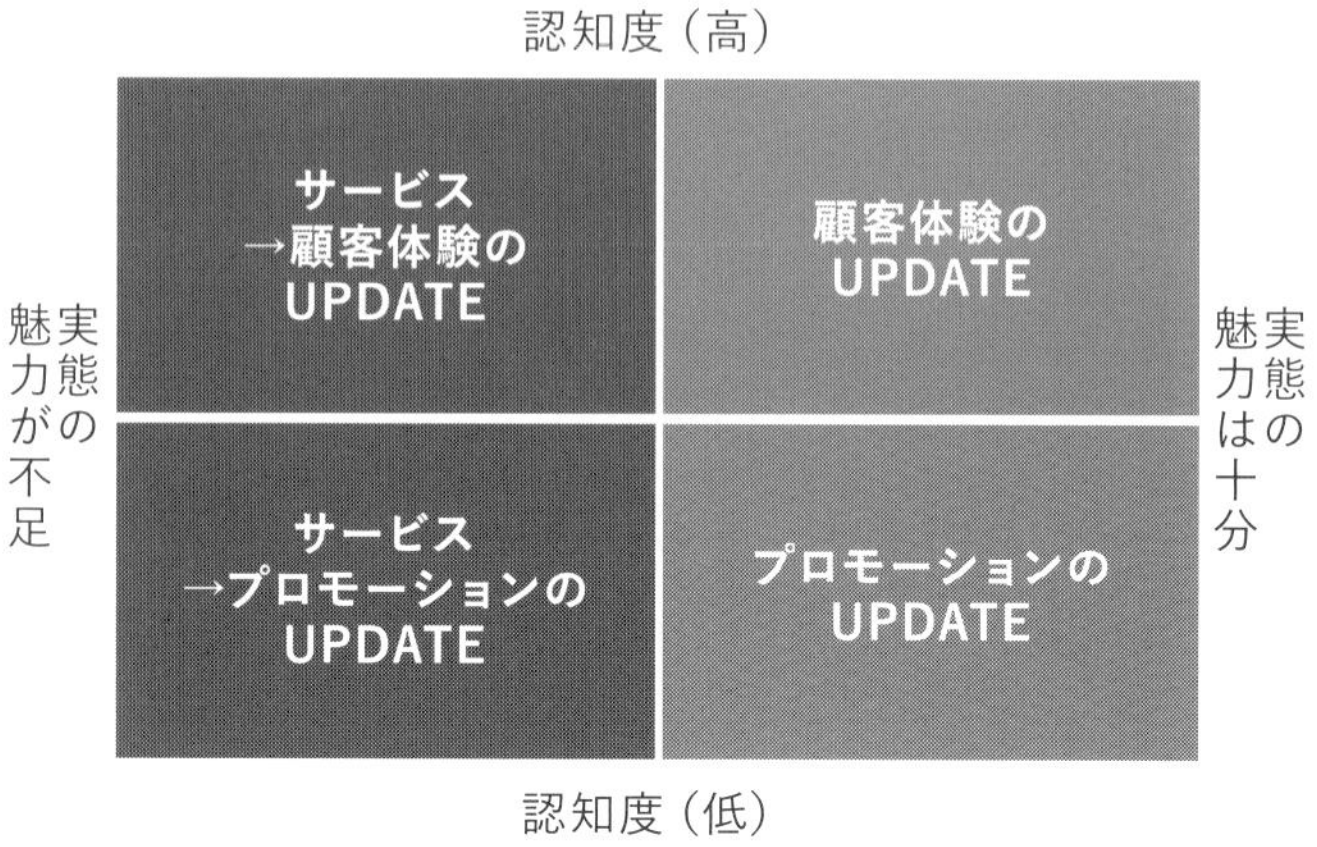

であり、顧客の頭の中に存在する実体のないイメージの集合体、したがって綿密で継続的な情報操作が必要となる。

●ブランドのフェーズにより注力するところが違う

ブランドのフェーズによって、優先順位が変わる。

まず、認知度が低く、実体の魅力が不足している場合は、実体の魅力づくりにまず注力する。サービスを見直し、改善させた後にプロモーションの強化を行う（上図）。

サービスの質が悪く、プロモーションしても一時的にはうまくいくかもしれないが、長続きはしない。また、認知度が高く実態の魅力が不足している場合は、サービスの質を向上し、さらに顧客体験を強化していくことが必要である。

また、実態の魅力が十分だが認知度が低い場合はプロモーションを強化する。実態の魅力が十分で、認知度のある企業であれば、顧客体験を強化することでファンづくりをすることが可能になり、ブランドとして成長できる。

●五感の知覚割合データからもデザインは一番大事な要素

ブランドの最も重要な要素の一つにデザインがある。

なぜなら、五感の知覚割合として83%の情報は視覚情報から得ているからである（『産業教育機器システム便覧』教育機器編集委員会編）。

●ブランディングで重要な非言語の5要素

デザインを含め、ブランディングに最も重要な非言語の5要素を挙げると、次のようになる。

①空間デザイン：対人距離や角度、色や形
②音楽的：BGM
③匂い・香り：アロマ、ディフューザーなど

④外見的特徴：服装
⑤身体動作：表情、身振り、姿勢

この5要素を一つ一つブランド・コンセプトに合うように改善していくことが大事だ。

クラスコでは、①の空間デザインは約5年間かけてすべての店舗をリノベーションした。すべての店舗を、クラスコのコンセプトにマッチしたデザインに変更した。基本的に張り紙をせず、デジタルサイネージを取り付け、プロモーションできるようにした。

②の音楽は、自然音を採用し、お客様にリラックスできる空間づくりを行った。

③の匂い・香りはアロマとディフューザーでお客様にリラックスとリフレッシュしてもらえるようにした。

④の服装も、女性社員の制服を廃止し、私服でオシャレに働きやすくして、男性社員はカジュアルでオシャレを演出できるスーツからジャケパンもＯＫに変更した。

⑤の身体動作はお客様に失礼のないように、外部のマナー研修を定期的に行っている。

21 言葉の力、デザインを活かすことができるCI

企業ブランドのアイデンティティを定義し、デザインを活かすことができる手法として

【CI=MI+BI+VI】

ＣＩ（コーポレート・アイデンティティ）がある。ブランディングをスタートさせるには、このＣＩを開発することから始める。

　ＣＩとは、企業が大切にしている価値と実現しようとしている意志をデザインで表現することをいう。

　ＣＩは１９３０年代にアメリカでスタートした概念で、自社の理念や企業文化、目指すビジョン、その独自性や価値観などの企業の根源的で本質的な要素について、統一した概念やイメージ、デザイン、メッセージを社内外に発信し、これを共有することで、社会における自社の存在感を高めていく企業戦略である。

　上図をご覧いただこう。ＣＩは、ＭＩとＢＩとＶＩから構成される。そして、ＣＩ

を構成するMI、BI、VIは、それぞれ次のような意味をもっている。

・MI＝Mind Identity「理念の統一」

企業のあるべき姿、社会の中で存在する価値を表す企業理念、企業の経営の中核となる考え方を定め、従業員の精神的な支柱になる経営哲学とも言える。

社是・行動指針・行動規範（クレド）、スローガンとして表現したり、必要な場合は社名変更を行うケースもある。

・BI＝Behavior Identity「行動の統一」

企業理念、経営規模、事業領域を達成するために必要な具体的な計画や行動のこと。企業理念を実現するための行動の指針、経営目標達成のための経営事業ビジョンを定量・定性で定義するものである。

・VI＝Visual Identity「視覚の統一」

MIとBIで築きあげられたコンセプトをビジュアル化すること。企業が伝えたいイメージを効果的に表現することが重要である。

CI活動において、視覚に訴える企業コミュニケーション要素（ロゴタイプ、トレードマーク、デザイン体系、コーポレートキャラクターやコーポレートカラー）を統一して、視覚でその企業だとわかるビジュアル化することが必要である。

重要なことは、「CI＝MI＋BI＋VI」という公式が成り立つということである。

22 DNA紐解きから未来ビジョンまで、奥深いCI導入フロー

CIの導入フローについて説明する。

まず、最初に会社にどのような歴史があり、どのような特徴があり、またどのような性格で、どのような強みがあるかなど、その会社のDNAを浮き彫りにしていく。それから企業理念やビジョン、コンセプトなどを言語化していき、ビジュアル化していく。

具体的には以下のステップとなる（183ページ図）。

①ステップ1・社長インタビュー：会社の歴史や社長の想い、今後の未来ビジョンなどを紐解いていく。会社の未来ビジョンを描ける人はトップだけであり、トップがイメージできないことは、会社は実現できない。だから、トップの未来ビジョン（イメージ）を言

語化することは最重要となる。

②**ステップ2・経営幹部インタビュー**：経営幹部から会社のDNAや目指したい未来のビジョンをヒアリングする。

③**ステップ3・スタッフ・グループワーク**：働いているスタッフも、現状のブランドの問題点や目指したい姿を言語化する。スタッフも巻き込んでCI開発をしていくことで、スタッフも会社に対してより愛着がもてるようになる。

④**ステップ4・理念あるべき姿の言語化**：ステップ1から3のまとめを行い、言語化を進めていく。

⑤**ステップ5・理念コンセプト開発**：あるべき姿からコンセプト開発し、理念の言語開発を行う。

⑥**ステップ6・社名開発**：理念とあるべき姿からコンセプトを開発し、社名を決定する（社名変更をしないケースもある）。

⑦**ステップ7・ロゴ開発**：理念とコンセプトからロゴを開発し、決定する。

⑧**ステップ8・ブランドツール開発**：ブランドツールの開発を行う。

CIの効果として、インナーへの効果とアウターへの効果を得ることできる。それによ

ブランディングの流れ

STEP1
社長インタビュー
会社のDNAを紐解く
会社の目指すあるべき姿、未来を紐解く

STEP2
経営幹部ヒアリング
経営幹部から会社のDNAをヒアリング

STEP3
スタッフグループワーク
社員の想いの言語化

STEP4
理念・あるべき姿言語化
STEP1~3からのまとめを行ないます

STEP5
理念・コンセプト開発
あるべき姿からコンセプト開発・理念の言語開発

STEP5
社名開発
理念とあるべきコンセプト開発し社名決定

STEP7
ロゴ開発
理念とコンセプトからロゴ決定

STEP8
ツール開発
必要なブランドツールの開発を行ないます

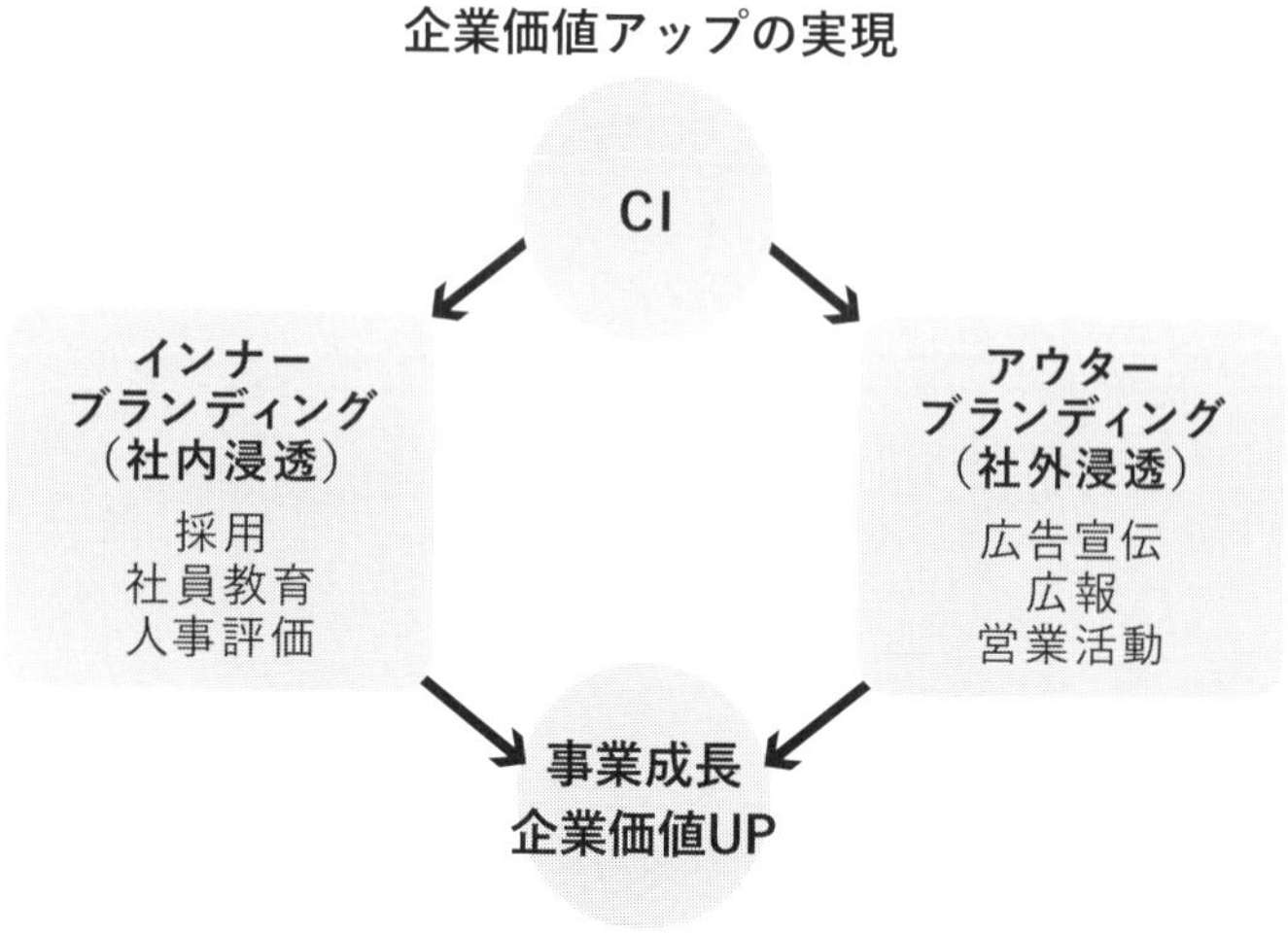

り事業成長させ、企業価値アップを実現することができる（上図）。

インナーへの効果としては「インナー・ブランディング」として企業がブランドの理念やビジョン、ブランドの価値をスタッフに浸透させるために行う啓蒙活動を継続することである。スタッフでビジョンや行動規範を共有し、社員の意識や行動、言動やサービスをビジョンの方向性と合わせることを目的に行う。

アウターへの効果としては、「アウター・ブランディング」として、自社のコンセプトやサービスをプロモーションし、顧客にファンになってもらうためのアクションを継続しやすくなる。

一貫したストーリービジョンの重要性

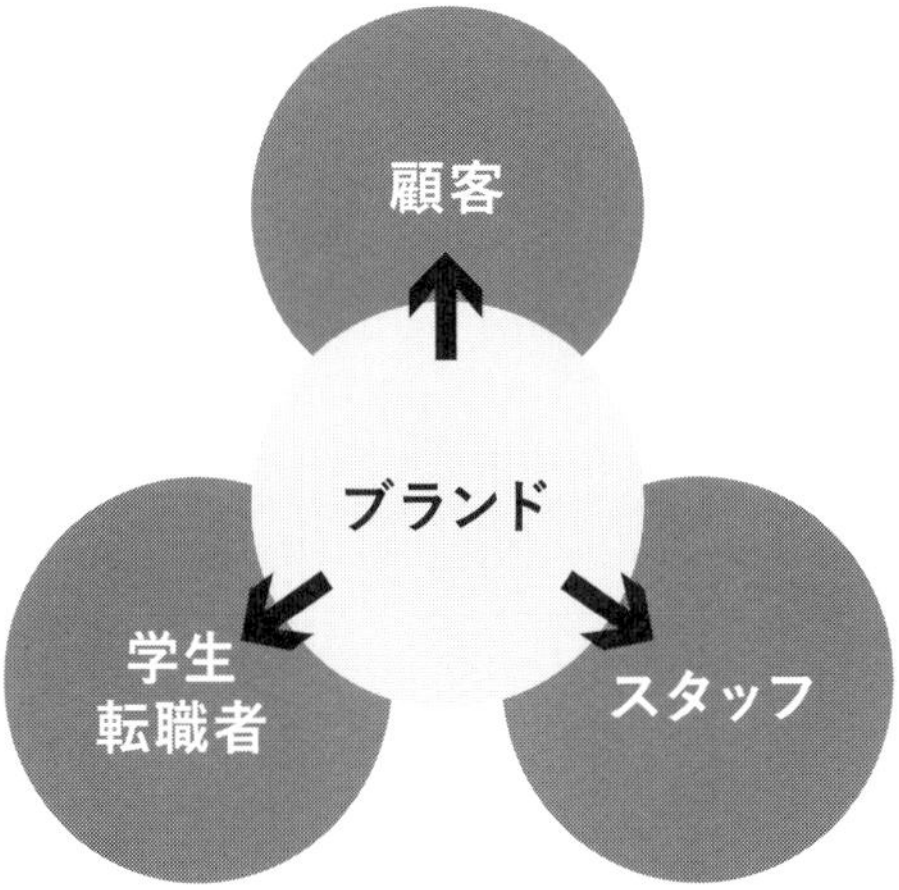

●過去現在未来一貫したSTORYビジョンの重要性

一貫性がなく、過去と現在で違うことを言う人は信用されない。過去、現在、そして未来の一貫したストーリービジョンが信用を生む。過去、現在、未来の一貫したストーリービジョンが大事になる（上図）。

熱いストーリーが熱い仲間を集める。必然性のあるビジョンでなければ、スタッフの納得を獲得することはできない。

社会性のあるビジョンが共感を生み、それによって未来づくりの仲間を増やしていくことで強い会社づくりができる。

●理念と仕事をつなげることがスタッフに浸透するために大事

理念の言葉はあるものの、うまく浸透していない原因は、理念と日々の仕事がつながっていないことが原因。プロジェクト・ストーリーや日々の仕事エピソードなどと、理念ワードを紐づけていくことでワードにイメージが蓄積され、共通認識が形成されることで、理念浸透へとつながっていく。

理念浸透のために若手を4名選抜して、社内にプロジェクトチームをつくった。プロジェクトチームの参加スタッフが楽しくノリノリで働く研究をするという意味合いで、「ノリラボ」とネーミングした。

彼らは社長対談を開催し、理念の意味を詳しく紐解いたり、仕事の考え方などを共有する場とした。普段、話をすることのない社長と若手社員との対談なので、より理念が浸透するよう社内報の記事にしたりした。

毎朝の朝礼で、クラスコ100％ブックに合った行動ができたことの共有や、毎月のモーニング・ミーティングで各部でのクラスコ100％ブックの成功事例の共有など、日々の仕事と理念をつなげることを行うことで、社内教育にもなり、行動規範とビジョンとをつなげていくことができる。

23 言葉の驚異的パワー

言葉には驚異的パワーがある。

ガラスの器に「コップ」と名前をつければコップになるし、「花瓶」とつければ花瓶になる。ネーミングによってその個体の役割が変化する。

企業もコンセプトのネーミングにより、そのように見えてくるところが言葉の力である。例えば、生姜焼き定食というメニューも「絶品ごはんが進む鹿児島豚の生姜焼き定食」とキャッチコピーがつくだけでも、心を動かされるのではないだろうか。

企業のビジョンを言葉にすることにより、言葉が導いてくれることを実感している。採用活動のための単独会社説明会では、ビジョンに共感して集まってきてくれた人たちと話していると、ビジョンの求心力を実感する。

言葉の力は発信すればするほど強くなる。

ビジョンを言語化することにより、ゴールが明確になり、これから目指すビジョンがより現実化してくると感じる。「思考は現実化する」と成功法則の大家、ナポレオン・ヒルが言っている。言葉にすることにより、現実化するスピードや確率が上がると確信している。

・ネーミングのポイント

ネーミングでのポイントは、覚えやすく、サービスや商品の内容が伝わること。そして、ウェブ検索で、競合がない名前、商標登録も確認する必要がある。

ブランディングの知識がないときに「ライフデザイン・プロジェクト」というネーミングでリノベーションブランドをつくったが、ほとんど浸透できなかった。それで、全国展開するためにリブランディングして、「リノッタ」とネーミングしたところ、覚えやすいため「リノッタ」と覚えてもらえることが多くなった。

ネーミングはシンプルでわかりやすく覚えやすい名前が一番いい。名前が長いと略されてしまう。

木村拓哉さんは「キムタク」と略され、ファミリーコンピュータは「ファミコン」、スマートフォンは「スマホ」、スターバックスは「スタバ」、ファミリーマートは「ファミマ」と長い言葉は略される。略されて4文字にされることが多いので、初めから4文字にしてしまえば覚えやすく呼びやすい。オススメである。

一般用語の組み合わせは、ブランドになりにくいと言われる。また、IBMやBMWなどのアルファベットの組み合わせもブランド形成では時間かかり、ハードルが高い。ロゴタイプもナイキのように見ても読めないようなマークは浸透するまで時間がかかり、ブランド形成するにはハードルが高い。ロゴで社名がちゃんと読め、そのサービス内容が伝わることが大事である。

興味深い事例をご紹介しよう。

かき氷のシロップはどれも同じ味で、香料をつけ、名前と色を変えただけで人の味覚が変わる。緑色でメロンと名前をつけるとメロンの味になり、赤でストロベリーとつけると味がイチゴの味になるのだから、本当に面白い。言葉と色、香料で脳が反応して、どれも同じ味なのに食べると味が変わるのである。

24 色のもつ力を知る

色にはそれぞれのパワーがある。色にはそれぞれ違った力がある。

例えば、ピンクは、人をやさしい気持ちにさせる効果や、緊張をやわらげる効果がある。アメリカのカリフォルニア州にあるサンタクララ刑務所では、無機質な壁の色から、やさしいピンクに塗り替えたところ、囚人同士のけんかの発生率が下がったという。

それでは色のもつ力の特性を挙げていこう。

・青

世界共通で一番好まれる色。企業や商品にも人気の色だが、逆に差別化が難しい、というデメリットもある。

青からは空や海、水などの自然のイメージにもつながることもあり、嫌う人が少ないというのも特徴となっている。

また、青色は感情鎮静の効果がある。実際に青い色の防犯灯に変えることで、犯罪発生率が下がった事例がたくさんある。

さらに、集中力を高める効果。食欲を抑える効果。時間経過を遅く感じる効果。睡眠を促進する効果などがある。

・赤

赤も人気の色で、日本人が2番目に好きな色。太陽との連想もあり、熱く活発なイメージとつながる。エネルギーを感じさせるアクティブな色。

赤は、他のどの色よりも強い刺激がある。気分を高揚させる効果もあり、元気を与えてくれる色。

そのほかに熱や暖かさを感じる効果。食欲を増進する効果、時間経過を早く感じさせる効果もある。

・オレンジ

赤色と黄色の中間に位置する色。赤色と黄色のイメージの良いところだけを取ってきた色のビタミン的な役割になっている。

赤と同じく「太陽のイメージ」で、暖かさ、陽気さ、楽しさ、社交性、アグレッシブを表す。オレンジは、赤の強いパワーと、黄色の軽快さをあわせもつ。

喜びや幸福感、親しみ、元気、明るいといったポジティブな印象を強く受けるので、さまざまなシーンで使える。嫌う人が少なく好意的に見られ、万人受けする色。

食欲を増進させる効果、陽気な気分になる効果、エネルギーを与える効果。親しみが生まれ仲間意識を高める効果、緊張を和らげる効果がある。

・黄色

黄色は一番明るい色。光や太陽のイメージとつながる。昼夜問わず目立つので、注意の色として日常的に使われている色。

楽しい気分にしてくる色で、コミュニケーションを円滑にしてくれる効果、判断力を高める効果、記憶力を高める効果、注意をうながす効果、気分を明るくする効果もある。

・黒色

黒色は無彩の色。黒は光を反射させず色を吸収・遮断する。周囲の色を引き締める効果、後退する効果がある。

色を組み合わせたときには、黒のイメージが周囲の色に反映される、少し濃く見える。権威や強さを感じさせる色。実際よりモノを重く感じさせる効果。強さや圧力、高級感を与える効果がある。

・茶色

茶色は土・生命を育む母なる大地を象徴し、安定感のある色。茶色は、信頼感を与える効果がある。緊張を緩和する効果。温もりや伝統、歴史を感じさせる。

25 ロゴデザインの重要性

ロゴデザインはブランディングで大事な要素の一つである。

臨床心理学者でマーケッターのルイス・チェスキン（1907－1981）が行ったテストによると、円形のロゴが入った商品は三角形のロゴよりもよく売れ、紋章のロゴの入った商品は円形のロゴよりも良く売れたという。それほど重要とは思えないロゴの選び方一つをとっても、売上げが増えたり減ったりする。いままでは気にしたことがなかったたか

**ロゴマークのデザインがかっこわるかったり素人っぽいと
その会社の商品やサービスに不安を感じますか？**

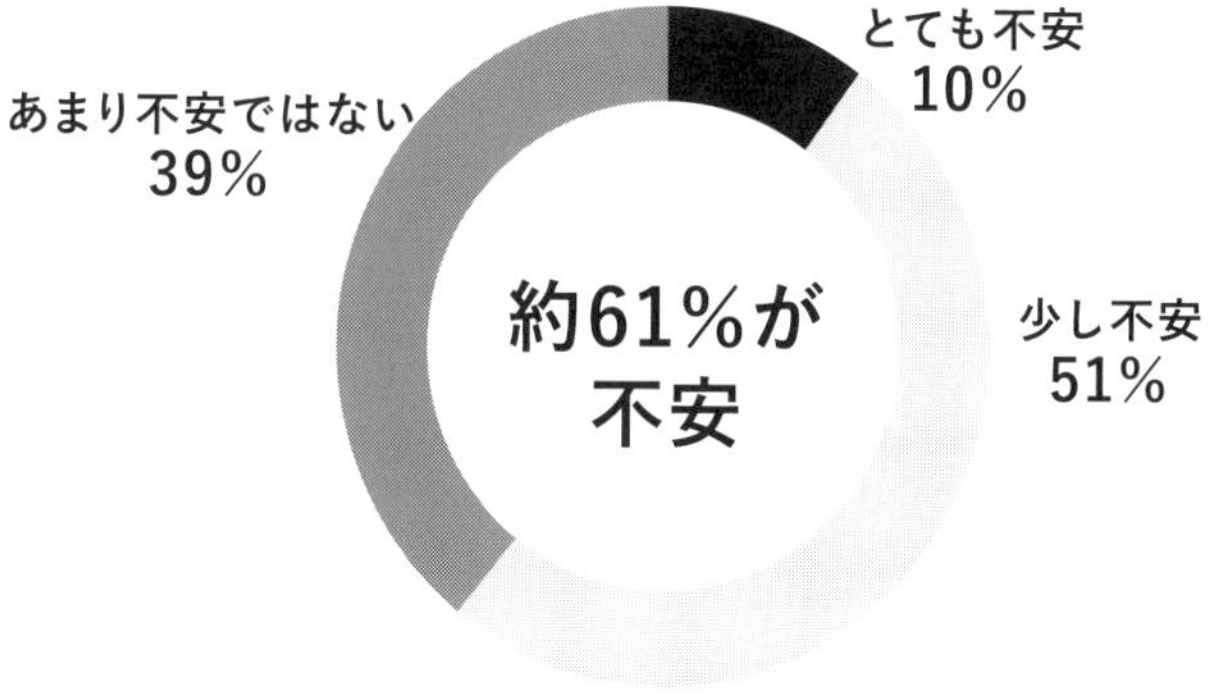

出典:『ロゴマークのデザインがかっこわるかったり素人っぽいと、その会社の商品やサービスに不安を感じますか？』ビズアップ調べ
https://www.biz-up.biz/marketing/need01.htm?gclid=CJ7F2-2Yt5ICFRIcewod7zXZLw

もしれないが、看板やロゴ、名刺の書体は売上げに大きな影響力をもたらす。だからこそ、事業モデルをつくる段階では、慎重な検討が行われなければならない（マイケル・E・ガーバー）。

Webリサーチ会社を使って「ロゴマークのデザインがかっこ悪かったり、素人っぽかったりすると、その会社の商品やサービスに不安を感じますか？」というアンケートを実施したところ、310人中60・6%の188人が「何らかの形で不安を感じる」と答えた（**上グラフ**）。

このことからも、ロゴというデザインが潜在的にユーザーに働きかけ、売上に大きく影響することがわかる。ロゴデザインはしっかりとデザイナーに依頼して信頼性が高く、なおかつ自社のコンセプトが伝わるロゴ開発が必要ということだ。

26 会社の本質的な使命を社会的意義づけすることが大事

会社にも人格がある。法人という人格がある。まずは、会社がどんなキャラクターなのかを掴むことから始める。どんな歴史があり、会社の歴史をしっかり紐解くことが大切である。創業から数々のドラマを経ていまがある。

大きな岐路に立たされたとき、どんな価値観でその意思決定をしたか、いわゆる意思決定基準を明確にしていく作業を通して、その企業らしさを明確にすることが大事である。

どんな人や企業も、それ自身にしかできない使命をもって生まれてきている。何のために存在しているのか、自分にしかできないことは何だろうか、という使命に気がつけば、誇りと充実感と幸せに満たされる人生を送ることができる。

提供している商品は果たして何なのか、目の前にある商品・サービスではなく、それを社会に提供することにより、何を実現しているのか？　本当の使命とは、世の中にどんな価値を提供するかということである。誰に何を提供しているか、というコンセプトを明確にしていく必要がある。

人間の本質に根ざした社会的意義を言葉にできれば、それは最もスムーズに浸透できる言葉になる。その答えはどこにあるのか？　それは、もちろん会社の中にしかない。それは会社の中では当たり前になっていて、無意識で語られていたり、見落としていることもある。「当たり前な感じします」と経営陣が言うことがある。経営陣から予想もつかない言葉が出るほうがおかしい。

しかし、会社にどっぷり浸かっていない人から見たときに、「なるほど、それはその会社らしくていいですね」とワクワクできる言葉かどうかが大切なことである。ワクワクできる社会性のある言葉が仲間を集める。ワクワクできて、共感でき、そして社会性がある言葉ということが、仲間を増やすために大事なポイントになる。

多くの企業では、立派なビジョンや理念はあるものの、社内外の人たちがほとんど理解していないことがある。それでは、絵に描いた餅になってしまう。大切なのは、いかに社内外に浸透させるかということである。

物事を理解し、さらに実感し、そして実行していくというプロセスが必要。ビジョンや理念を策定したら、まずはしっかり理解してもらう場をつくることからスタートする。そして自分や仲間たちの仕事を通して、その大切さを実感してもらう人を増やし、彼らを徐々に実践できる人へと成長させていくことができる。

27 会社のＤＮＡを紐解く

会社の歴史を紐解いていく。どのようなＤＮＡをもっているのか、その歴史を言語化していく。ＤＮＡから会社の強みを発見することもある。

歴史がある会社であればあるほど、会社の歴史が現在の社員に伝わっていないことも多い。創業からどのような変遷をたどり、どのような歴史を刻んで今日に至っているのか。会社の強みは何なのかを、現在の役員やスタッフにインタビューして言語化することで、会社の歴史を残すことができる。

タカラ不動産（クラスコ旧社名）の歴史に関するインタビューを次ページに記載する。いま働いているスタッフが知らないことばかりだった。歴史を知ることは、いま働いているスタッフにとっても大事なことだ。いまがあるのも昔頑張ってくれたスタッフがいたからこそである。会社の歴史も理解し、いまがあることに感謝してお客様に向き合っていくことで深みがましてくる。

●会社を人にたとえると、本当の見られ方がわかる

スタッフから会社のイメージの悪い点は指摘しにくい。そこで会社を擬人化することで、キャラクターとしてどう見えるか、ディスカッションしていくと、意外と言いやすくなり、本当の見られ方がわかり、本質的な部分が見えてくる。

例えば――、

性別は男性なのか、女性なのか？

どんなキャラクターなのか？

――人にたとえて、外部から見られている印象を言語化していく。

スタッフからタカラ不動産を人にたとえると、「どういう人に見られているか？」「どういう人にみられたいか？」というディスカッションを行った結果は次の通りだった。

タカラ不動産の人格は、「男性、四十代市議会議員、ビジネスマン、男性的で真面目、新しいもの好き、頑固、メガネ、時代遅れ、40から50代、老舗、発展途上の地元企業、金沢市長、金沢駅前、頼りになる、派手ではないが時代遅れ、スーツできっちり」というイメージをもたれていることがわかった。

この企業イメージをもっと若々しく、親しみやすく、もっと明るく、カジュアルで、元気をプラスしたいと考えることができた。

28 タッチポイントで顧客をファン化する方法

ブランドにとって一番大事なのは、顧客の「顧客体験」からファンを獲得すること。顧客体験で大事なのは、ブランドに接するタッチポイント（ブランドに接するポイント）である。

タッチポイントで最高の体験をしていただくように設計し、ファンになってもらうように導線を構築する。タッチポイントは、商品、HP、メール、電話、SNS（フェイスブック、インスタグラム ユーチューブ、ツイッター）、スタッフの服装や接客態度、お店の雰囲気、お店のインテリア、ディフューザーなどの香り、BGM（音楽）などの顧客との接点すべてを指す（次ページ写真）。

顧客に感動の体験を提供することにより、ブランドのファンになると、SNSや口コミでインフルエンサーになってくれる。顧客の口コミほど強い広告はない。一番信用がある情報になるからである。

顧客の口コミが営業マンより大事な時代になってきている。アマゾンなどでも沢山の投稿があり、星の評価が高いと安心して購入する時代になっている。

「最高の顧客体験がファンをつくる」と言ってもいいだろう。人の記憶に残り、ファンに

BEFORE

AFTER(リノベーション後)
crasco
住まいと暮らしの
アイデア創造企業
crasco
crasco

【 不動産経営改善士とは 】
武部 光太郎
山本 翔平

なっていただくためには、最高の体験が必要である。

では、どうすれば最高をつくれるのか？　タッチポイントで最高の体験を演出できるポイントはないか？　こうした検討が必要となる。

最高のタッチポイントをいくつつくれるかで、顧客がファンになってくれる確率は上がる。

タッチポイントを良くするために、本社を移転した。これからはリノベーションが社会にも大事な手法なので、あえて新築ではなく、築23年の古い元釣具屋さんのビルを購入しリノベーションして本社にした（**前ページ写真**）。

ここで、クラスコのタッチポイント事例をご紹介しておこう。

①ウェルカムボード：来店時にお客様のお名前がわかっている場合は、ウェルカムボードに書いてお迎えする。

②メッセージカード：心のこもったメッセージカードをお渡しすることで、喜んでいただける。

③ドリンク28種類：最高の顧客体験として、来客時のドリンクを28種類準備している。ドリンク・メニュー（**次ページ写真**）をお出しすると、喫茶店よりも多い数のドリンクに感

動していただける。ドリンクが28種類というのは、おそらくどこの企業よりも多く、必ず顧客は感動してくれる。顧客にとって、最高のおもてなし体験として記憶される。

④地元の銘菓：金沢の伝統ある和菓子を厳選してご用意。

⑤名前入りコースター：最高のポイントづくりとして、事前にお名前がわかっている場合は、名前入りの皮で手づくりしたコースターを準備している。お客様は最高のおもてなしを感じ、感動していただける。ほとんどのお客さまが驚きと感動に包まれる。

以上、ドリンク、地元の銘菓、名前入りコースターは「おもてなしセット」であ

る（**上写真**）。

⑥香り：デュフューザーを各接客スペースに配置している。お客様にリラックスしていただくことで、お客様をおもてなししている。香りまでこだわっていることで、気がついてお声をかけてくれるお客様も多い。

⑦自然音：お客様に居心地のよいリラックスできる空間を演出。気がついてくださるお客様も多く、「リラックスしていただくために流しています」と伝えると、「そこまで考えてくれているんですね」と驚いてくださる方も多い。

⑧観葉植物：リラックスしていただくために各接客スペースに配置している。

⑨ウェルカムムービー：来客時にプロモー

ションムービーをご覧いただく。

⑩映画館のようなプレゼンテーションシアター：255インチの大画面のプレゼンテーションシアターでプレゼンテーションを行う。映画館を超えたソファーリクライニングを用意しているので、リラックスしてプレゼンテーションを鑑賞していただける(**上写真**)。

3画面の大画面プレジェクター、IoTで制御された間接照明、ウーファーや高音質のスピーカー。オープニングのウェルカムムービーでのプロモーションビデオの演出とスピーカーのこだわり。迫力のある音響システムで、お客様にプロモーションビデオをお届けする。映画館並みのシステムで、一企業が用意したとは

思えないくらい迫力がある。
動画は写真などと比べてプロモーション力が何倍も高く、訴求効果も高く、視聴いただいたお客様はどなたも感動していただけた。
アップルストアのシアタールームを参考につくったストア内にあるシアタールーム。プレゼンテーション・トレーニングを受けたプレゼンターがプレゼンを行うことにより、より内容を届けることができる。
⑪**ラウンジ**：大事なお客様をお迎えする接客ラウンジではおもてなしにこだわっている（**上写真**）。28種類のドリンク、リラックスできる自然音、たくさんの観葉植物、窓から見えるけやき並木、どのラウ

ンジの個別ブースからも見えるシャンデリア。リラックスできるアロマ、ディフューザー。壁にはお客様を楽しませるアートな壁紙デザカベ。

⑫**IoT**：ＩｏＴで照明や音楽をコントロールできる。間接照明で集中力を高める青色や、リラックス効果を高めるグリーンなど様々な色を声でコントロールすることができる。

⑬**大型の傘**：金沢は雨が多い地域であり、お客様の駐車場にいくまでに大型の傘で、雨に濡れないようにご案内している。

⑭**案内カー**：お客様を物件にお連れする案内カーは広告の役割をになっており、クラスコカラーのオレンジ色や満室の窓口カラーの青で塗装してあり、クラスコや満室の窓口のロゴが大きく貼り付けてあり、広告としても一役を担っている。

⑮**アイデア実行会議室**：アイデアを実行することを意識付けするために、会議室にネーミングしている。壁一面がホワイトボードになっているのでアイデアをたくさん書き込めるようになっていたり、ＩｏＴで間接照明を配置してあり、色で集中力を高めたり、リラックスをしたり活用している。

タッチポイントでの顧客の気持ちの変化について見ていこう（**次ページ図**）。

一般的なタッチポイントでの顧客の気持ちの変化

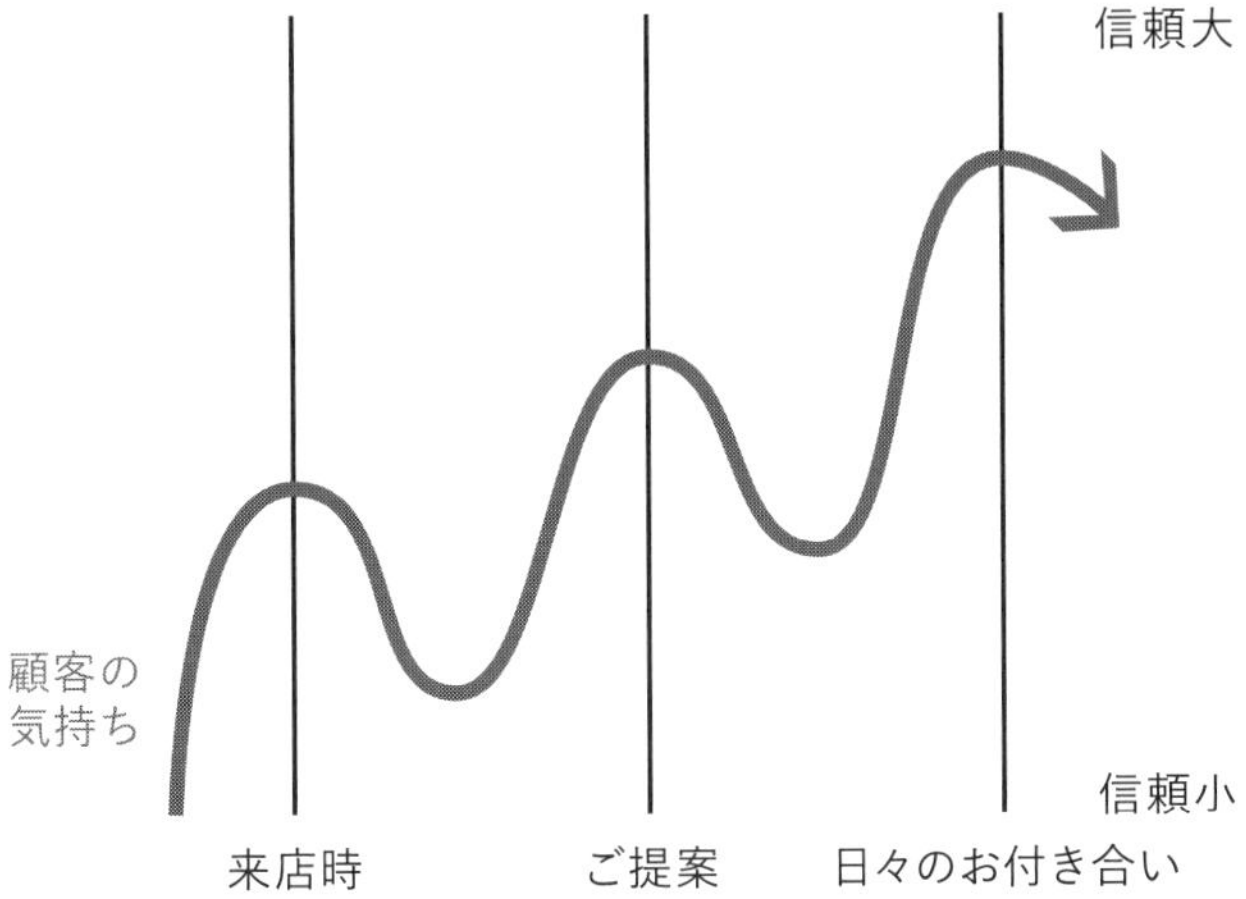

クラスコのタッチポイントでの顧客の気持ちの変化

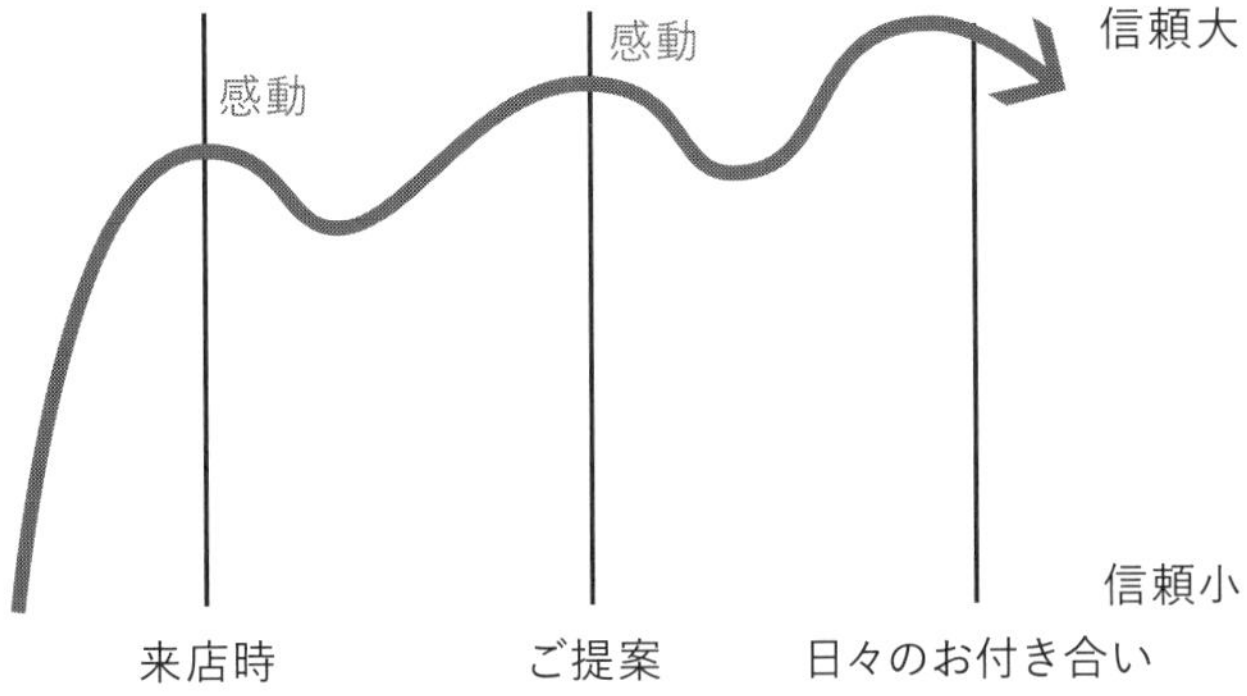

通常、お客様の気持ちは来店前は不安である。タッチポイントで少しずつ信頼を増やしていく。最初のタッチポイントで、感動を与えることができると一気に信頼感が増す。タッチポイントにこだわることで、信頼を得ることができる。信頼を得ることでファンづくりをしていく。

29 実はリラックスで説得に応じやすくなる

●リラックスできる音楽

お客様に居心地よく感じていただき、リラックスしていただくために、さまざまな工夫をこらしている。

接客ルームでは、リラックスしてもらうために、自然の音を流している。自然音で副交感神経系の働きが高まることが確認されている。クラスコでは、お客様や働く社員のために社内に自然音を流している。体感的には、集中できる時間が長くなったと実感している。近年は自然から遠ざかり、ストレスが多い生活を送っていると思われるので、少しでもリラックできて、ストレスが緩和されるようにオフィス環境を整えている。

●観葉植物の6つの効果が凄い

リラックス効果を高めるために観葉植物を多く置いている。

NASA（アメリカ航空宇宙局）が1984年に発表した研究結果によると、室内の建材や家具などから揮発性の有機化合物が放出され、それらが目や皮膚のかゆみ、のどや鼻の痛みなどの症状を引き起こすシックハウス（ビル）症候群の原因になり、植物が人体に有害な揮発性有機化合物を除去する効果があるということが明らかになった。

ここで、観葉植物の6つの効果について列挙しておく。

①モチベーションアップ（知的生産性の向上）
②ストレスの軽減
③リラックス効果（心理生理的効果）
④目の疲れを癒す（視覚疲労緩和効果）
⑤森林浴効果（健康物質フィトンチッド放出効果）
⑥快適な湿度調整（温熱環境調節・快適性向上効果）

観葉植物から発生するマイナスイオンは体に良い働きをする。具体的には心拍の安定、血圧を下げる効果、リラックス効果がある。

観葉植物は葉から水分を蒸発させ、空気中の湿度を上げる効果がある。また、ほこりやプラズマイオンを吸着させて地面に落とす効果がある。

その結果、マイナスイオンが残り、マイナスイオンの濃度が上昇していく。植物があることによって、人にリラックス作用がもたらされるといわれている。

●匂いは唯一大脳に直結している

働きやすい環境づくりでもご紹介したが、香りで空間を演出している。

匂いを「嗅ぐ」という感覚は、人間の五感のなかで唯一、大脳に直結している。見る、聞く、味わう、触るは脳の視床という部分を通って大脳皮質に到達する。人が匂いを受け取る感覚は1000種類。目が光の情報を受け取る感覚は赤、青、緑と明暗の4種類、味は甘い、辛い、すっぱい、苦い、旨いの5種類。皮膚の触覚も5種類。したがって、匂いの感覚がダントツに多いことに驚かされる。匂いを嗅ぐことで、食べ物などが腐っていないかどうかを確認する必要があったからかもしれない。

香りにこだわることで、お客様がご来社時に「いい香りがしますね」とおっしゃっていただけることも多く、記憶に残るようである。

植物の香りが自然音と複合的に居心地の良い空間をつくっているので、スタッフはリラックスして働くことができ、お客様にとっても居心地がいい。お客様がリラックスすると説得に応じやすくなる。働くスタッフもストレスが減れば、生産性が上がる。

30 ブランディング・ゴールを明確にすることで効果が加速する

ブランディングとは、「企業・商品・サービスへの認知度を高め、好感を持ってもらうための取り組み」のこと。

ブランディングの目的は、「認知度を高めること」や「好感を持ってもらうこと」などを思い浮かべる方も多いだろう。しかし、多くの企業が「認知度を高めること」や「好感を持ってもらうこと」によって実現したい「本来の目的」があるはずである。

アウター向けのゴール設定には、大きく分けて次の3つがある。

①集客力を強化することによる売上の向上(利益の向上、継続的な売上・利益の創出)
②採用力の強化
③顧客体験をより良くすること

では、インナー向けのゴール設定はどうだろう。大きく分けて、次の2つが考えられる。

①ビジョンを浸透させていくことで企業を筋肉質にしていく

ビジョンの明確化で、社会的意義や何のために働くかという企業としての考え方を浸透させていくことで、働く人のやりがいやモチベーションを高めていく。

②社員教育

人材とのミスマッチの防止、採用効率の向上、採用への応募数の増加、顧客満足度の向上、離職率の低下、一体感の醸成など。

ブランディングで思うような効果を得られない原因の多くは、目的を明確に意識できていないことにある。「ブランド力が身につけば、顧客も人材も集まって、強い組織が作れるのではないか」と考えるケースが多い。しかし、ブランディングは、求める効果によって取り組み方が大きく異なる。目的を明確にして取り組み方を考えることで、より大きな効果を得られるようになる。

31 中小企業はクロスメディアを活用したブランド戦略が正解

顧客は、オンラインとオフラインを行き来して成約に至る。そのためには、クロスメディアが大事になる（次ページ図）。

クロスメディアとは、一つの商品やサービスをさまざまな媒体を用いて、広告宣伝活動、販促活動を行うこと。クロスメディアは媒体同士の相乗効果をもたらし、ターゲットとの

顧客はオンラインとオフラインを行き来する

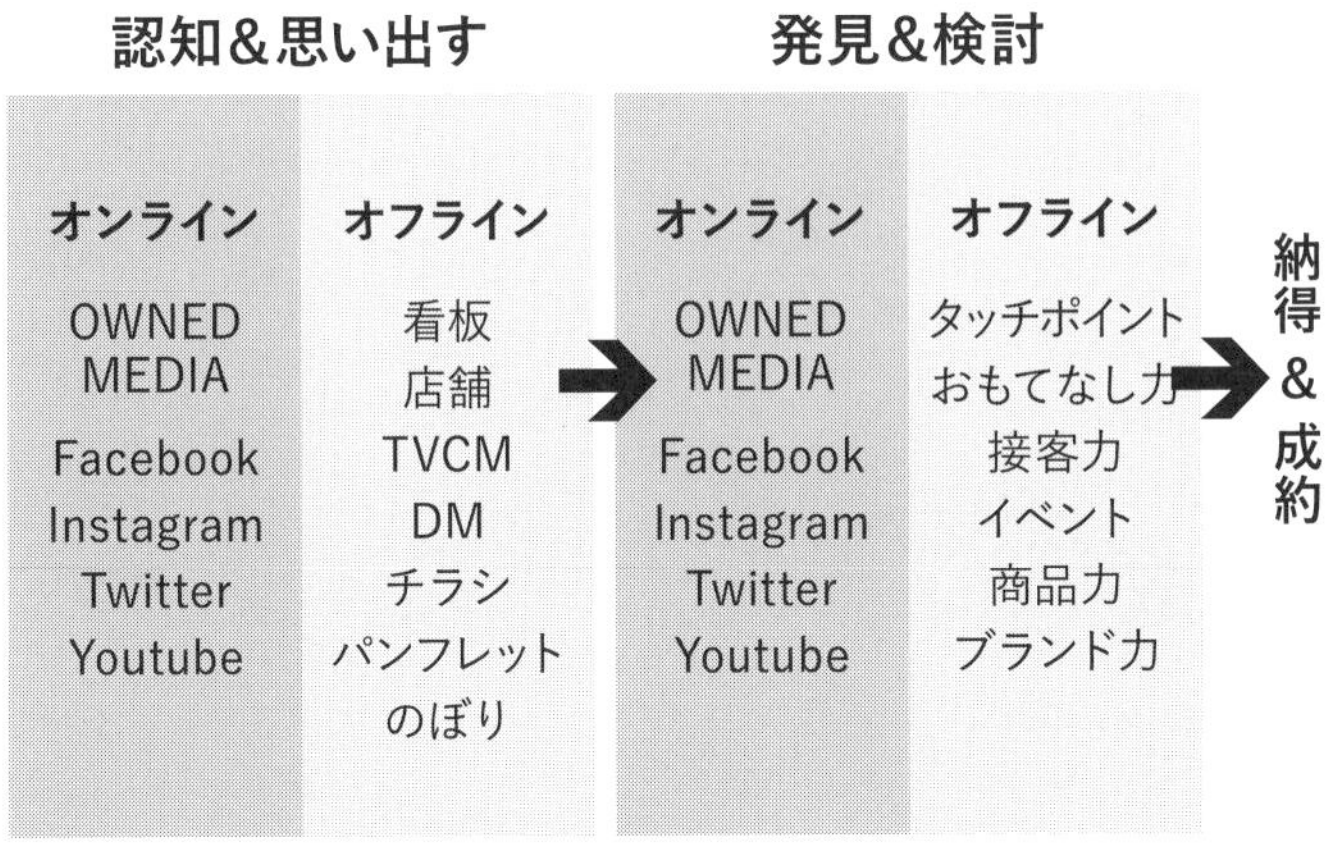

コミュニケーションを深め、サイトへのアクセスを集めることが目的とされている。

　クロスメディアは、複数の媒体から販売促進を行いたい商品やサービスのターゲットに合ったものを選び、その媒体の特徴を活かした一連の広告戦略のことをいう。

　使用する媒体は、それぞれがユーザーの集客や興味付け、購買や資料請求などの役割を一つの媒体で行わず、それぞれの役割に合った媒体を使用していく。

　商品情報の伝えたいターゲットに効果的に届くよう、異なるメディアを組み合わせて使う宣伝手法のクロスメディアを取り入れる企業が増えてきている。ターゲットを絞り込めることが大きなメリットで、コストも最小で抑えることができることから、中小企業においても積極的に活用される傾向はある。

新聞や電車の中の広告、道路の看板、雑誌、テレビなど、普段の生活で広告を目にする機会はたくさんあるが、それらの多くの広告には検索ワードやＵＲＬ、ＱＲコードが記載されており、Ｗｅｂサイトへの導線となっている。

このように、１つのメディアに１つの情報で終わるのではなく、それぞれのメディアの特徴を活かしながら情報を的確にターゲットに伝えていくこと、それがクロスメディアの一番の特徴である。その主な特性は以下の通りである。

①質の高い消費者を取り込むことができる

クロスメディアは、カタログや広告など複数のメディアを使用し、サイトへの誘導を行う。そのため、さまざまな媒体を経由してサイトにたどりついた人は、購買意欲が高く、とても質の高い消費者が多い傾向にある。これまで、単一媒体の広告中心だった企業では、ゴールであるサイトへの導線が常に同じであったため、新しいユーザーを取り込むことが難しいとされてきた。しかし、複数の媒体を利用してゴールであるサイトへの導線が複数あるクロスメディアは、新たなユーザーを取り込むことができ、より質の高い消費者を取り込むことが可能である。また、ネット以外からの集客が見込めるので、普段はインターネットを使わない方なども取り込むことができる。

②各媒体の不足を補うことができる

チラシ単体で宣伝を行った場合、記載できる情報量が限られ、多くの情報を伝えることはできない。また、テレビCMだけでも、詳しい商品詳細までは紹介できない。そこで、それらの媒体を両方使うことで、それぞれの媒体で不足している情報を補うことができる。

③企業のイメージの統一を図ることができる

クロスメディアは様々な広告媒体を利用する。その各媒体で統一した企業イメージを打ち出すことにより、消費者に対する企業イメージを統一させることができる。

④時間短縮とコスト削減が見込める

商品・サービスを広く認知してもらうための方法。例えば広告、セールス、PR、イベントなどで消費者に商品の価値を伝え、購買意欲を刺激する。

⑤効果測定が行いやすい

多様な媒体を組合せて促進販売を行うクロスメディアは、媒体毎に段階的なプロモーションを行うことができる。また、媒体が分かれていても、一連の流れがあるため、それぞれの誘導率など効果測定が行いやすくなっている。

では、クロスメディアでは、実際どのようなメディアが使われているのだろうか。Webメディアとそれ以外に分けて見てみよう。

・Web媒体（スマホからのアクセスが中心）

Web媒体とは、主に企業のWebサイト（オウンドメディア）、ECサイト、リスティング広告（ペイドメディア）、SNS広告、Facebook、インスタグラム、Twitter（アーンドメディア）などが挙げられる。

Web媒体は移り変わりが激しく、常に最前線の媒体を取り入れることは難しいとされている。しかし、いまや得たい情報をネット検索する時代。さまざまなところからのアクセスを増やしていく、マーケティングが非常に大事になってきている。

・Web以外のメディア

①マスメディア：マスメディアとは、テレビCMや新聞、雑誌、ラジオなどが挙げられる。マスメディアを使用することにより、幅広い層に対し、一気に情報を拡散できる。また、テレビCMや新聞、雑誌、ラジオなどどのメディアも全国区のものと地方のものがあるため、広告宣伝したい商材に応じて、使い分けることが可能である。

②紙媒体：紙媒体としてはチラシ、DM、パンフレットなどの印刷物などの広告媒体が挙

げられる。これらは、どのように利用して顧客に届けるかが重要なポイントとなる。チラシは新聞の折込やポスティング、店舗や街頭配布などの手法がある。また、ＤＭやパンフレット送付は、住所と名前を知っている人に送るため、求めている消費者に直接宣伝することが可能となる。

③リアルのオウンドメディア：看板、営業車、店舗、のぼり、ロードサイド看板、スタッフの制服など実際にお客様の目に触れる部分が積み重なってくるので、一つひとつのリアルのプロモーションをしっかり行うことで、ブランディングと結びつけていくという心構えが大事になってくる。

32 すべての企業がメディア化へ向かう時代

プロモーションには、主に３つのメディアがある（次ページ図）。それぞれを上手くミックスして活用することで、プロモーション力を上げ、反響や集客に結びつけていくことができる。

いままでは有料のメディアが中心だったが、現在伸びているのはオウンドメディア（自社で保有するメディア）とアーンドメディア（信頼を獲得する目的のメディア）である。

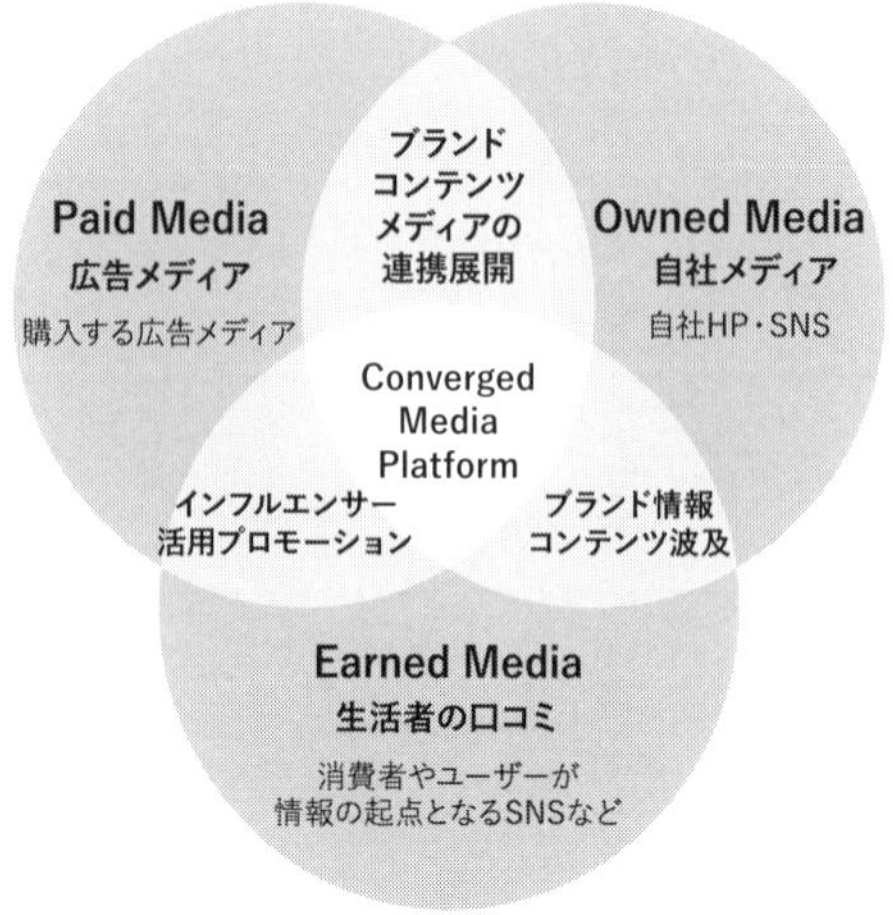

出典：The Converged Media Imparative『How Brands Must Combine Paid, Owned & Earned Media』Altimeter Group（2012）

クラスコでも、近年オウンドメディアとアーンドメディアに力を入れている。

スマホは１人１台の時代、すべての企業がメディア化へ向かう時代である。顧客はスマホでさまざまな情報を収集する。ＳＮＳ、動画などさまざまなメディアを活用する。したがって、顧客に有益な情報をＳＮＳや動画で提供することで顧客を集めることができる。

近年お客様からの評価が星として評価されるように変化してきている。例えば飲食店だったり、ホテルだったり、Amazonにしてもレビュー数が多く、星の数の平均値が高いものは信頼ができるという評価になっている。様々なサービスが顧客に評価される時代へ変化している。

営業マンの宣伝文句よりも、実際に利用した人の声のほうが信憑性が高いというわけだ。星の高評価と良いレビューを獲得していくことが、企業にとっては死活問題になってきている。顧客はレビューを見ながら、その企業やサービス、商品を判断している。

Ｗｅｂサイトに評価の低いものがあると、集客にも悪影響が出てくる。そのため、来客いただいたお客様に積極的なレビューをしていただくなどの対策が必要である。もちろん、根本的にサービスが悪いことで悪い評価になっている場合は、サービスそのものの改善をする必要が急務である。

33 新たな不動産会社でのマーケティング

一般的な不動産会社でのマーケティングフローは、ペイドメディアから反響があり、来店する（次ページ図上）。ただし、これから大事なのは、ペイドメディアだけではなく、オウンドメディアを強化して、集客を増やすことである。

自社のブランド認知の向上、自社やさまざまなＷｅｂサイトから集客を見込んでいく。ＳＮＳマーケティングでは、フェイスブック、インスタグラム、ツイッター、ユーチューブ等で画像を活用しながら、マーケティングを強化していくというような手法を取って

従来の成約までの流れ

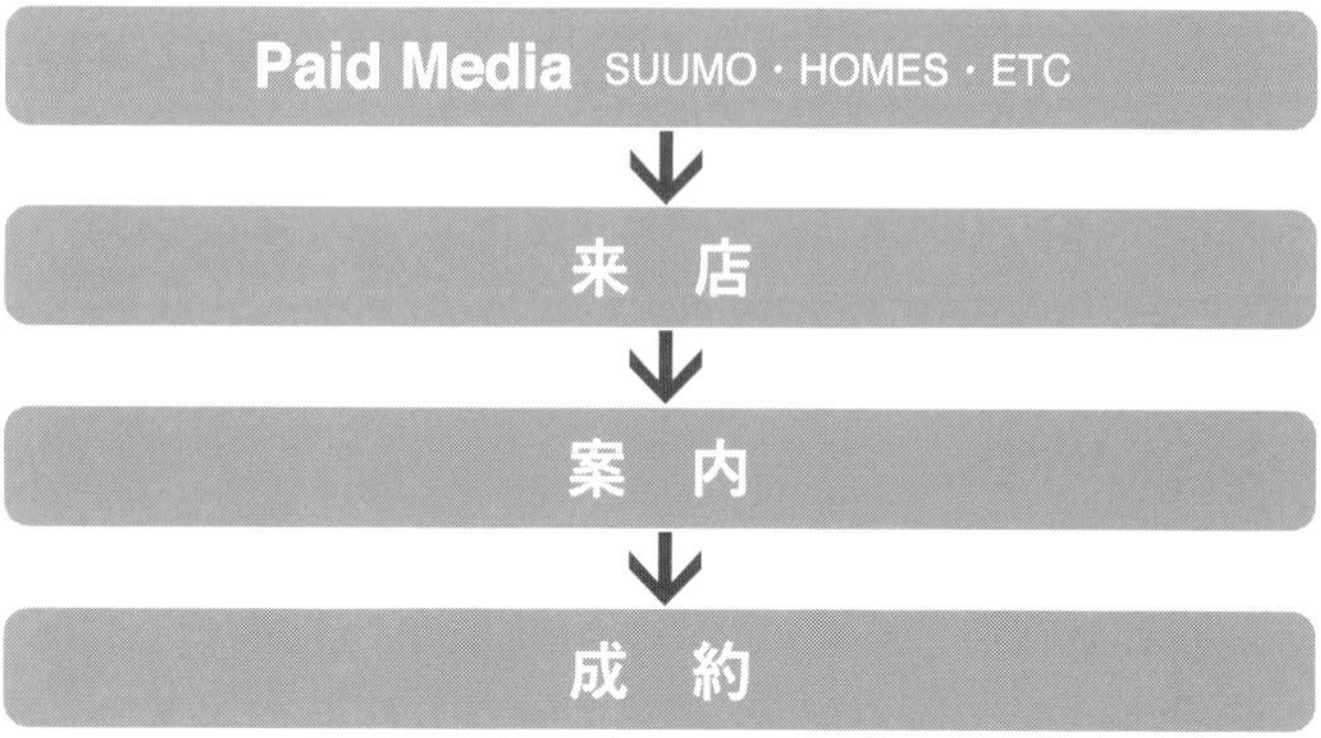

新しい成約までの流れ

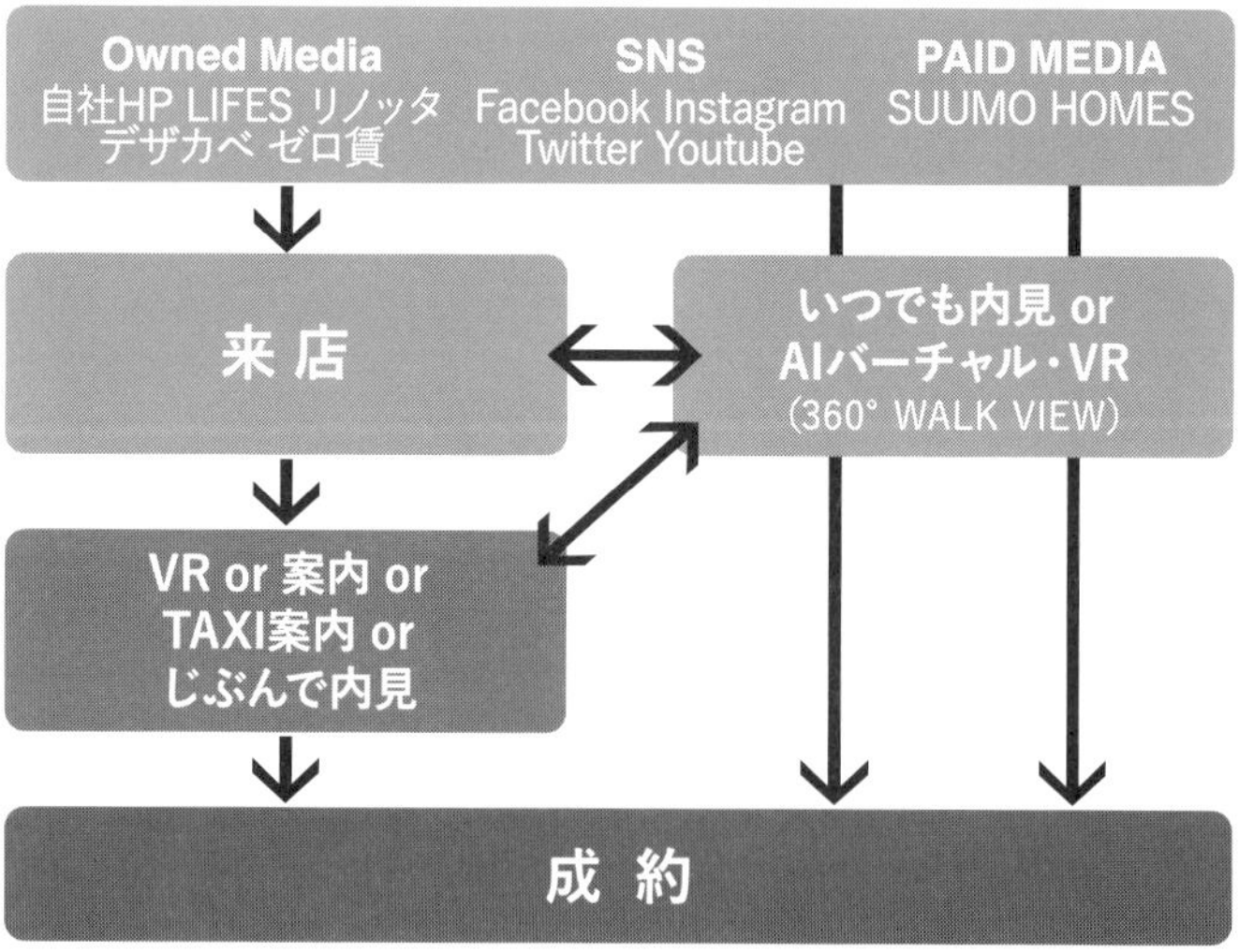

いる。来店して物件を見に行かなくてもバーチャルでお部屋を確認することが可能になっている（前ページ図下）。

各種メディアからの反響で来店されたお客様は、直接物件に足を運ばなくてもバーチャルによって、お部屋の様子を確認することができる。

スマホ内見では、スタッフが現地でスマホのテレビ電話を繋ぐことで、お部屋の内見を行うことが可能になる。内見は営業マンが同席せず、お客様自身だけで内見していただくことも可能になっている。

タクシー案内では、タクシーで対象物件まで送迎させていただく。営業マンをともなわずに内見できるようになっている。

34 ビジュアル化の頂点にある動画活用

写真は文字情報の7倍の情報量を伝えることができると言われているが、動画は文字情報の5000倍の情報をユーザーに伝えることができる（次ページ図）。動画をどんどん活用していくことで、商品やサービス、顧客に必要な情報を伝えることができる。クラスコでは1500を超える動画を作成している。

ユーチューブには、毎月15億人のユーザーが訪れる。クラスコでは、ユーチューブのさまざまなチャンネルを運営している。お部屋の案内動画やリノベーションしたお部屋のプロモーション動画、アパートオーナー向けの動画、働き方改革の動画などだ。年々再生数が増加している。いまでは年間20万回再生されるまでに成長している。

35 組織力を強化するブランディング

組織力を強化するためのブランディングは、働いている社員をターゲットにして取り組む。社員に対して経営理念や行動指針、今後のビジョンなどの考え方を伝えることが目的となる。

伝える力の比較

1

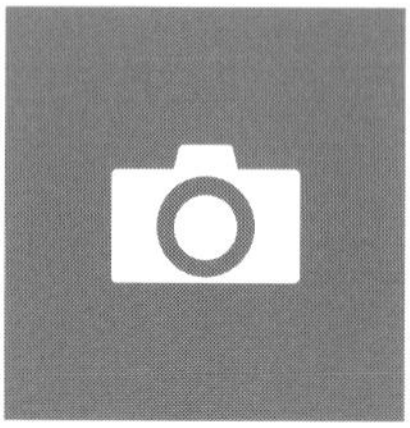

7

5000

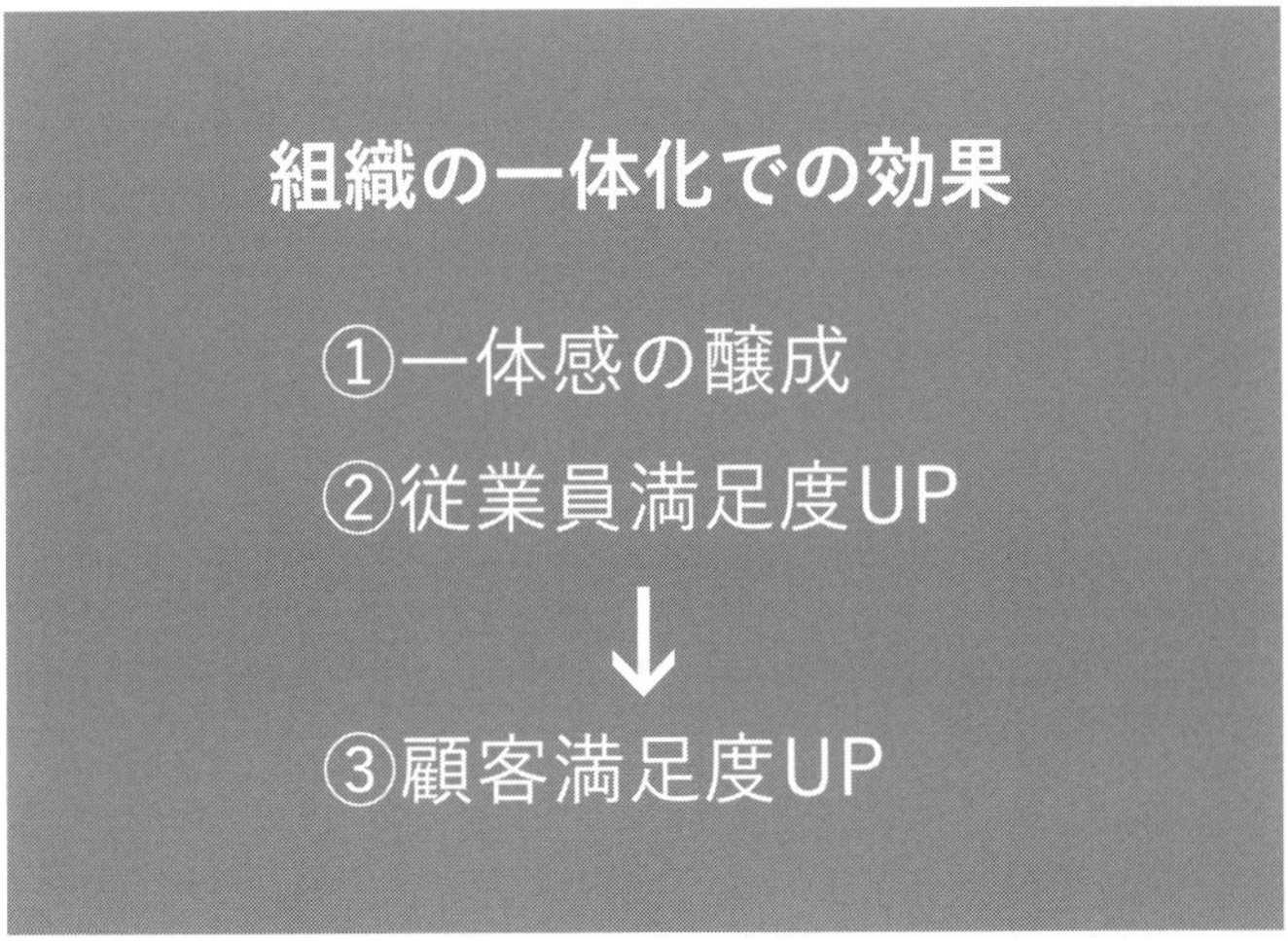

組織力を強化することで得られる具体的な効果は以下の通りである（**上図**）。

①一体感の醸成
②従業員満足度アップ
③顧客満足度アップ

経営理念や働きがいが全社員に浸透することで、社員の顧客志向や仕事へのモチベーションを向上させることができる。その結果、サービスの質や社員自身の満足度も上がり、顧客満足度の向上や離職率の低下につながる。また、社員同士が理念や働きがいを共有することで一体感を生み出し、より強い組織の会社となる。

36 成功事例共有プレゼン「クラデミーアワード」

営業の数字成績だけに着目した表彰制度だけでなく、業務の成果とプロセスを自薦でアピールし、優れたアイデアをもった取り組みを表彰するイベント「クラデミーアワード」(上写真) を年に一度開催している。本戦は映画館を貸し切り、オープニングムービーなどの演出にもこだわり、働いている社員のモチベーションを高めている。

当イベントは2015年に開始し、今年で5回目を迎える。「今期のクラスコ全社の中で最も優れたアイデアを実行し、成功した取り組みを共有&表彰する場」と定義し、業務をスピードアップしたり、お客様へのサービス向上を図ったり、業界の課題を解決するための新商品開発を行うなど、日々の業務から生まれ効果が表れた新しい取り組みや、革新的なプロセス、ノウハウに焦点をあてて表彰を行う。

これにより称賛する文化を根付かせ、社員のやりがいの創出を図るほか、個人のノウハウを全社に共有することで組織力をアップさせたいと考えている。

5年間開催してみて感じることは、働いているスタッフが主役になることで主体性をもって仕事をすることができるようになったことだ。

また、プレゼンテーションをしているスタッフを見て、仕事の仕方を学び、各自がそれぞれ育っていく、また翌年ブラッシュアップした仕事の仕方を各自が発表することで年々会社全体で仕事のレベルが上がってきていることがわかる。

ノウハウはどんどん言語化し、イベントを通じて共有されていくことで、自発的に年間452件もの改善が実行されている。まさに企業に変革が起きているのである。

37 ブランド認知のためのプロモーション戦略

プロモーションにはコーポレートカラーを鮮やかなオレンジに一新し、「クラスコ」という造語に社名を変更、新たなブランドを広く周知していただくために、さまざまな角度からプロモーションを行った。

・「知っとこ、行っとこキャンペーン」

社名発表直後、変更までの期間に「クラスコ知っとこキャンペーン」を開催。ノベルティグッズの街頭配布とともに、創業50年を迎える老舗企業でもあることから、地域への恩返しとして清掃活動を展開した。また、社名変更直後にはご来店いただいた方にオリジナルのクラスコ・バームクーヘンをプレゼントし、記念撮影した写真をSNSや特設サイトに掲載する「クラスコ行っとこキャンペーン」を実施した。

オレンジ色のビビッドなブランドカラーが映えたこともあり、プロモーションでは「今日、金沢駅でクラスコいたよ！」などと地元のお客さまから大きな反響をいただいた。各場所で「最近、本当に頑張っているね」という言葉をたくさんいただけるようになった。これには、以前と比べて大きくブランドが地元に浸透していることを実感させられる。

・テレビ・コマーシャル

クラスコの認知度を飛躍的に向上させたのが、「ク・ク・ク・ク・クラスコ！」というテレビCMのフレーズ。賃貸や売買、リノベーション、注文住宅、コインランドリー、トランクルームなど多様な事業を行っていることを広めている（**次ページ写真上**）。

TVCM

看板

住まいと暮らしの
アイデア創造企業
crasco
クラスコグループ
FOR RENT
tel.076-241-2121
crasco
株式会社クラスコ
AERAS Ⅱ
賃貸管理部　tel.076-233-3030
crasco
クラスコグループ

営業車

crasco
crasco

・看板

管理看板・募集看板・ロードサイド広告看板という全てのレギュレーションを統一。ロードサイド看板など（金沢の看板規制が厳しくなり）実際には数が減っているにもかかわらず、オーナー様からは看板が増えたのではないかという声があるほど、目を惹くデザインになっている（前ページ写真中）。

・営業車

レーシングカーのように大胆にシート加工を施した社用車は、街中を走っていてもすぐに目に飛び込むデザイン。内見案内、物件点検などで使用することが多い車を広告としても活かしている（前ページ写真下）。

・ホームページ

レギュレーションの統一はもちろん、ターゲットをエンドユーザー、不動産オーナー、企業に分類し、事業内容を「住まいと暮らし」「資産の運用」「事業支援」とカテゴライズすることでよりわかりやすいサイト構成にしている。また、トップページでは「借りる」「買う」「資産運用する」などのサービス別にし、情報を探しやすくなっている。

・SNS（Twitter Facebook Instagram YouTube）

SNSを活用し、イベント告知や自社サイトの記事をシェアするなど定期的に情報を発

信し、認知度のアップにつなげている。

・ポロシャツ

共用部の清掃を行う巡回チームのユニフォームをクラスコ・ポロシャツ（**上写真**）に統一することで、イメージアップを図っている。お客様からクラスコでわかることで、安心感ももっていただけている。

・クラスコ・コーポレートキャラクター「クラスコちゃん」

クラスコのコーポレートカラーであるオレンジ色が特徴。住まいと暮らしのアイデア創造企業というクラスコの在り方にならい、新しいアイデアを思いつくと頭の蓋が開き、アイデアが次々に飛び出す。

・クラスコのさまざまなコーポレートのツール

合同会社説明会：リクルート活動として、合同会社説明会にブースを出展。住まいと暮らしのアイデア創造企業として、新しいアイデアを引き出すコピーを壁面に掲げている。マスコットキャラクターのクラスコちゃんも参加し、学生の心をひきつける。

単独会社説明会：単独会社説明会では、クラスコの歴史や展望を役員陣が説明したのち、グループワークで日常生活や現場の声について若手社員と自由に話すことができる形態をとっている。学生の方に楽しみと学び、気づきを与えられる説明会づくりを心がけている。

・本社リノベーション

本社移転にあたり築23年の釣具屋をリノベーション。アイデア実行企業を体現する本社になった。

・アイデア実行会議室

新しいアイデアを実行するミーティングルームを「アイデア実行会議室」とネーミングすることで、来社するお客様や就職検討者などにも弊社のコンセプトが伝わるようになっている。

・プレゼンテーションシアター

プレゼンテーション専用のシアター。大画面のプレゼン用の画面が3つ、高音質なスピーカーシステムをお客様や就職検討者に弊社のコンセプトやサービスをプレゼンテーションするのに活用している。

・各店舗

各店舗をクラスコ・ブランドのトーンに統一し、同様にリノベーションを行う。

・服装

スーツ勤務からジャケパン勤務に変更。楽しく働き、センスを磨いてデキる自分をつくる環境へ導く。

・ノリ×ラボのメンバーによる社内発表

楽しいイメージづくりを大切に、現場社員にもわかりやすく理念を説明する役割を担う。

・立候補制度

クラスコで誕生するプロジェクトの多くは、リーダーを立候補制で決めている。挙手したスタッフがプレゼンテーションを行い、優れた観点をもった社員がリーダーに選ばれる。また、社員自らプロジェクトを立案することもあり、通常業務だけでなく、自由な発想で暮らしのアイデアを生み出している。

プロモーション戦略には、①Paid Media（広告メディア）、②Owned Media（自社メディア）、③EarnedMedia（生活者の口コミ）の3つのメディアをコントロールすることも非常に大切なことである。

Ｗｅｂサイトや SNS などのオンラインと、看板、営業車、店舗などのオフラインをつなぐマーケティングが有効である。オンラインとオフラインをつなぐことによって、顧客獲得を効率的にすることができる。まず認知でターゲットを絞ったブランドのＷｅｂサイトやSNSでの広告、さらにオフライン上でテレビCMや看板広告、営業車での広告、店舗の広告が認知というところで効果を発揮する。

いままでのビジネスでは①Paid Mediaが中心だったが、これからは②Owned mediaと③EarnedMediaが重要になってくる。オウンドメディアが会社のブランドを最強にするのに役に立つ。自社のイメージや伝えたいことを形にすることができるのである。

最大の動画のプラットホームのYoutubeでは、クラスコはさまざまなチャンネルを運営している。お部屋の案内動画やリノベーションしたお部屋の案内プロモーション動画、アパートオーナー様向けの動画、働き方改革の動画などだ。年々再生数が増加し、いまでは年間20万回再生までに成長している。

またリノッタのfacebookは、1万3000人にファンが増加した。Ｗｅｂサイトは、月11万を超えるアクセスがあり、年々増加している。満室の窓口の看板からの反響や物件看板など、さまざまなオウンドメディアからミックスして反響があり、成約に至る。

今後一番大切になってくるのはアーンドメディアである。顧客の口コミほど強い広告はない。インターネット上やSNS上で口コミが広がりやすい環境になっている。顧客体験を更新し続け、最高の顧客体験をつくることが、企業として求められる時代になっている。顧客がファンになってくれることでアーンドメディアで顧客の口コミでアピールしてもらえる時代なのである。

38 集客力を最短に到達するマルチブランド戦略

マルチブランド戦略とは、ターゲットを分類し、ターゲットごとに複数のブランドを展開することを指す。

マーケティングの神様コトラーによれば、ブランド戦略には、新商品を既存のブランド名や製品カテゴリーに加えるか、それとも新しいものにするかの組み合わせによって、「ライン拡張」「ブランド拡張」「マルチブランド」「新ブランド」の4つの選択肢があるという（次ページ図）。そのひとつがマルチブランドであり、有効なブランド戦略と言われる。

マルチブランド戦略のメリットを、次に挙げておく。

①ターゲットを絞り、ブランド構築することができる。

コトラー4つのブランド戦略

製品カテゴリー

	既存製品	新製品
既存ブランド名	**ライン拡張**	**ブランド拡張**
新ブランド名	**マルチブランド**	**新ブランド**

②ターゲットを絞ることができるので、ターゲットに訴求しやすくなる(**次ページ図**)。

③絞れる商品カテゴリーのブランドが増加することで、市場を活性化できる。

④既存ブランドのイメージはそのままに、新ブランドによって市場のカバー範囲を広げることができる。

⑤既存ブランドのポジショニングを維持したまま、別ブランドを展開することにより競合に対する差別化ができる。

⑥市場の各セグメントに個別のブランド名で商品を提供することで、競合の市場参入に対する防衛ができる。

⑦ブランドを複数化することで、当該市場の価格競争をある程度回避できる。

⑧ブランドイメージを壊さずに、幅広い価

マルチブランドと総合ブランドの違い

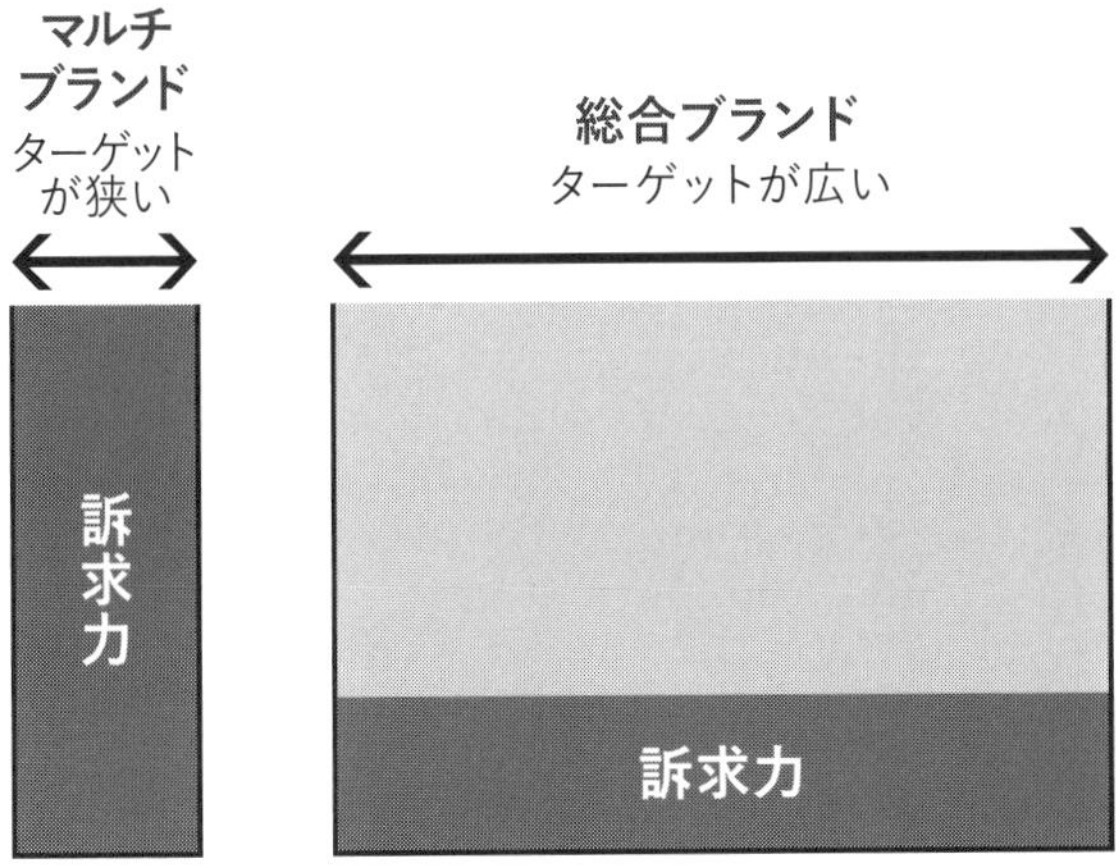

格帯をカバーできる。

では、デメリットはないのか？　次の3つが考えられる。

①宣伝広告量が複数のブランドに分散することで、広告宣伝の管理コストが増加する。

②生産・物流が非効率になる。

③ブランド商品が増えた結果、ブランドが小粒化する。

マルチブランド戦略は本来、当該市場においてメインブランドの価値を強化しつつ、新しい価値を創造する戦略である。安易なブランド追加により、逆に既存ブランドも含めポジショニングがあいまいになり、逆効果になってしまうケースや管理コストの増加もある。そのため、各ブランドにどん

マルチブランド戦略

5ブランド全国展開

売買仲介（開発中）
売買の窓口

オーナーコンサル
満室の窓口

リノベ×売買
カウリノ
ENJOY RENOVATION

リノベ賃貸
Renotta

賃貸
ゼロ賃

注文住宅
カウエ

なポジションをもたせ、ゴール設定を明確にすることが大事になる。

幅広い顧客層をもつビジネスの場合は、マルチブランド戦略が有効である。マルチブランドによりターゲットを絞ることで、訴求力を高めることが可能となる。

クラスコではマルチブランド戦略として顧客に伝わる商品ごとにブランディングを行っている。また全国に仲間の会社を募ることで、全国ネットワークの安心感や大きな開発コストをかけることができ、テクノロジー開発でも顧客サービスの向上につなげることができている（上図）。

39 ブランディングは進行形！アップデートし続けることが大事

ブランディングをスタートさせたら、つくって終わりにしないことが大事。企業のコンセプトをつくり、その理念、志の共感者を何人つくっていけるかがとても大事になる。

これまでブランドをつくってきた人達たちのDNAを受け継ぎ、さらに時代にマッチしたテクノロジーやアイデアを注いで育て、広く知らしめることにより、ブランドを大きくしていくことにより、企業の未来の地平を拓くことができる。

会社をより良くするために、クラスコの社内の課題の洗い出しのための幹部合宿でさまざまな課題が浮き彫りになった。その具体的な項目を、次に掲げてみよう。

・人に対する課題

①マネージャーのスキル不足
②コミュニケーション不足
③スタッフのスキル不足
④スタンスのギャップ

・システムに対する課題

①マニュアル化されていない
②ノウハウの構築

③明確な評価基準
④教育システムの構築
・全体の課題
①休みが少ない
②利益率が少ない
③なんか変な空気
④物理的な問題

この課題に一つひとつに向き合い改善を進めていくことで、会社がより強くなる。

各部幹部グループワーク、役員の面談を踏まえ、社員一人ひとりが会社の強みやなりたい姿を考えていく。

過去のロゴ変更などは、すべて役員のみで決めていたが、社員全員で社名変更や理念策定に取り込むことで、新会社名への愛着が一段とわき、会社の目指す未来像を社員一人ひとりが自分の中に落とし込むことができる。

一般への公開に先立ち、全社員が集まる全社ミーティングで新社名とロゴの発表を行うことで、ロゴと理念に込められた意味、会社の目指すビジョンを社員全員に対して明確にすることができた。

また、メディア発表することにより、テレビに報道していただき、新聞にも掲載いただけた。これも一つ無料広告のプレスリリースの仕方になる。普段からメディアとの関係性をしっかりつくっておくことにより、このようにメディアを集めることができた。

お客様も広告欄で知るのではなく、取材記事として新社名また企業理念を知ることになり、企業にとって良いプロモーションにつながった。

社名変更に合わせて、会社のストーリームービーをつくった。これまでどのような軌跡をたどり、今日に至ったのか。新社名に込められた先人より継承されたスピリットがいかなるものか。現在働いている社員やスタッフにも過去の歴史をしっかり理解していただき、社内の結束が一層強まったことを実感する。

写真ムービーや冊子ムービーもつくった。創業当時より常に新しい取り組みに挑戦し続けている企業の姿勢を冊子にまとめ、ムービーにすることで、プロモーションやリクルート活動にも活用できる。

写真からムービーに時代がシフトしている。動画のほうが伝わる部分が多いということで、クラスコではあらゆる商品説明や企業のプレゼンテーションにおいて動画の活用を進めている。

PART 5 課題の発見からイノベーションへ

40 プロセス・イノベーションで作業の変革

課題を発見してイノベーションを起こすことで、さまざまな問題を解決することができる。プロセス・イノベーションから生産性向上までご紹介しよう。

仕事の工程を分解して変革していくことをプロセス・イノベーションという。業務のフローを見える化して、どのようにすれば効率化できるかなど検討していく。

まず、プロセスをすべて書き出す。それをガラス張りしていく。

それぞれの工程がどれだけ時間を使っているかを見える化（グラフ化）していく。

そうすることで、何に時間を取られているかがわかる。一番大きい時間を取られている業務から改善すると、大きな成果がある。大きな塊を改善することにより、時間をつくることができる。すると、次の改善の時間を作ることができ、移行しやすくなる。

業務のフローはマルチワークであることが非常に多いので、そのルーティン・ワークをどれだけ削減するかによって、大きなコストダウンが実現できる。

41 バックキャスティングからイノベーションが生まれる

理論上は起こり得ることだったり、ほぼ確実にくる未来だったり、将来どういう時代がくるかを予測することで、それに対していま何をしなければならないことがわかり、イノベーションの必要性を理解し、実行することによってイノベーションが生まれる。

これからどういう方向性にいくのかを決めていくのがビジョン。「将来はどういうことが予測されるから、いま変わらなきゃいけないよね → イノベーションが生まれる」というような関係性になるので、バックキャスティングすることで、いまイノベーションを起こさなければならないことに気がつき、イノベーションが起きる。

ちなみにバックキャスティングとは、未来を予測する際、目標となる状態を想定し、そこを起点に現在を振り返って、いま何をすべきかを考える方法のことだ（comzine)。

いま、ＶＵＣＡの時代と言われる。ＶＵＣＡとは、「変動性」「不確実性」「複雑性」「曖昧性」の４つの英語の頭文字をとった言葉。現在の時代の不確実、不透明な状況を表わす言葉として使われる。

日本の人口は今後減少していく。それは、将来の日本のマーケットが小さくなるということを意味する。同じような仕事をしていても集客が下がり、売上が下がるということになる。今後、労働力も減少し、生産性も下がる環境に対して、テクノロジーボーナスを使うことによって、生産性を高めて利益を上げるということが必要になってくる。

一般的に、従業員の給料は平均年間約２％上がる。そのためには、会社も成長して売上を上げていかなければ、給料の原資が足りなくなってくる。

市場が悪化してくれば、企業努力が求められることになる。デジタルシフトの他にも、プロセス・イノベーションにより業務のプロセスを見直していくということも必要になってくる。

42 生産性向上の業務改善例

まず理解しなければならないのが、現在の会社のポジション。変化が少なく運営してき

生産性向上のために あるべき会社の姿

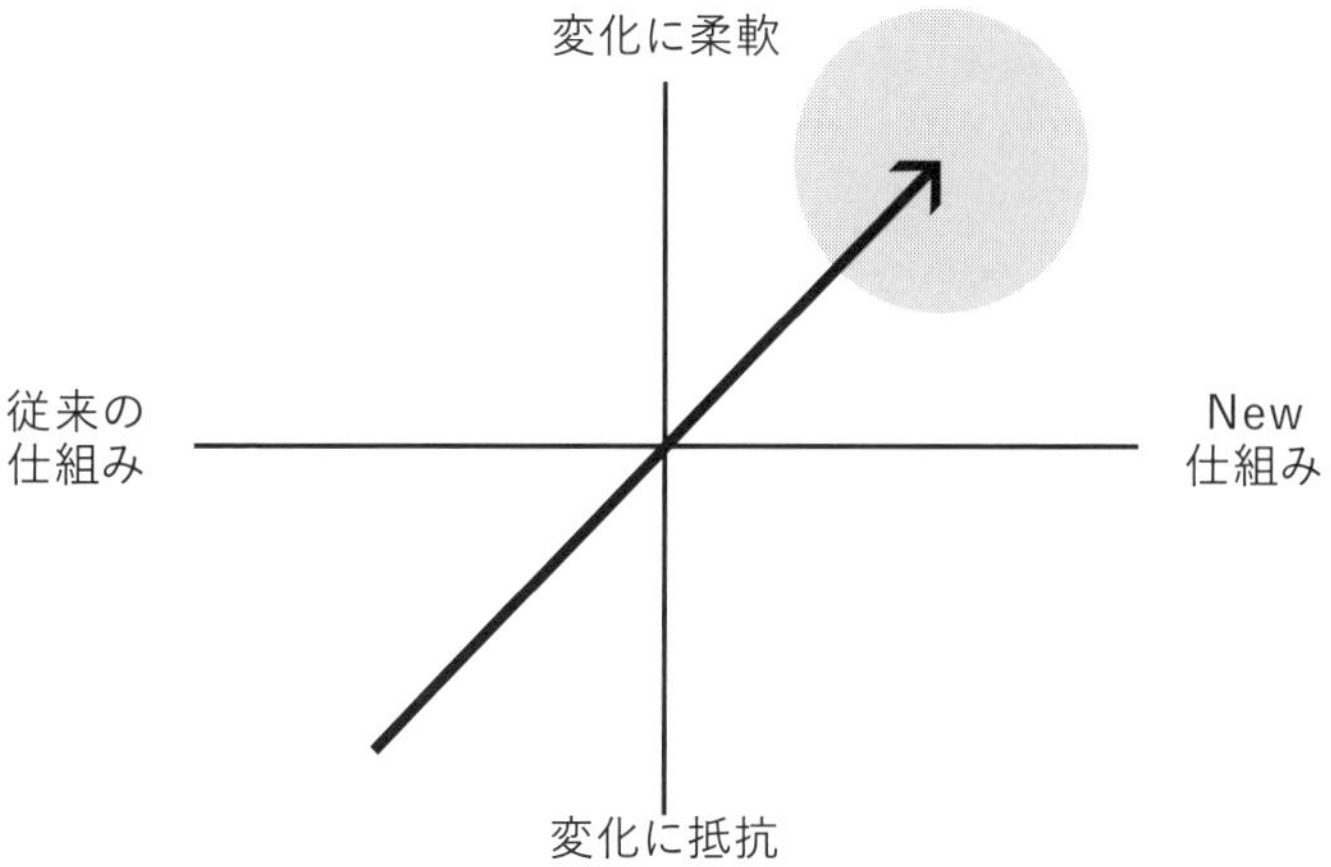

た会社、あるいは従来の仕組みで動いている会社が新しい仕組みをつくり、市場の変化に柔軟に対応できる会社に変化するためには、さまざまなハードルがある。

生産性を向上するために、会社が変化に柔軟で、新たな仕組みを実行できるようにしていく必要がある。常に変化して生産性を向上することに取り組まないと未来はない（上図）。

人は誰でも保守的で、変化することを苦手とする。なぜ、変わらなければならないのか？

それは、変わることがお客様のためであり、会社を守るためである。そのことを理解すれば、変化の労はいとわなくなる。

しかし、変わることを理解しても、いか

に変わるかという方法がわからなければ変わりようがない。

実際のクラスコの事例をご紹介しよう。

e－ラーニングで時代の流れ、また今後どのような時代がやってくるかなどをプログラム化してきた。毎月、全社員が集まるモーニング・ミーティングで、時代の流れやなぜ変わらなければならないのかということを伝え続けてきた。

さまざまな業界で多様な革命や改善が起きている。そういう実例をレポートして伝える。そして実際に変革の行動を起こし、その結果どうなったか、成功も失敗も含めて報告し、全社員で共有化していった。

同時にクラスコはどこに向かっていくのか、というビジョンを明確にし、それを実現するためには各自が何をしなければならないのか、それぞれがミッションを明確にしていった。

●生産性の向上

社員教育はとても大事なことであるが、教育コストが大きな負担になる。実際にリアルに教育することで、教える側のコストと教育を受ける側のコストが二重にかかる。また、確認テストの採点や採点後のフィードバックなどにも、膨大なコストがかかってくる。

もう一つの問題点は、教育する人が変わると授業にバラツキが生まれること。教育レベルを常に一定水準に統一させるということが難しい。

そこで、e－ラーニングを1300の動画でつくり、プレイリスト化して、その人に必要な知識を得る仕組みを構築した。

プログラムの終わりには、確実に習得しているかテストがあり、自動採点している。クリアしないと次のプログラムに移ることはできない。

このe－ラーニングの開発により、常に一定水準のプログラムを人件費なしで実行することができるようになった。しかし、人を育てるには時間もお金も労力もかかる。

そこで発想を変えて、寿司屋にたとえるなら、寿司職人をつくるのではなく回転寿司屋というシステムをつくれば、誰でも一定水準の仕事ができるようになると考えた。経営陣には、そのシステムをつくることを求める。

正社員には、生産性の高い仕事を担当してもらう。単純作業や生産性の低い仕事に関してはパートさんを活用し、アウトソーシングやクラウドソーシングを効率的に使ってこなしていく（**次ページ図**）。

飲食業界のようにアルバイト比率が84％という仕組みがあれば、誰が来ても、会社を運営できるという運営システムを構築して、何があっても、高い生産性を維持していける強

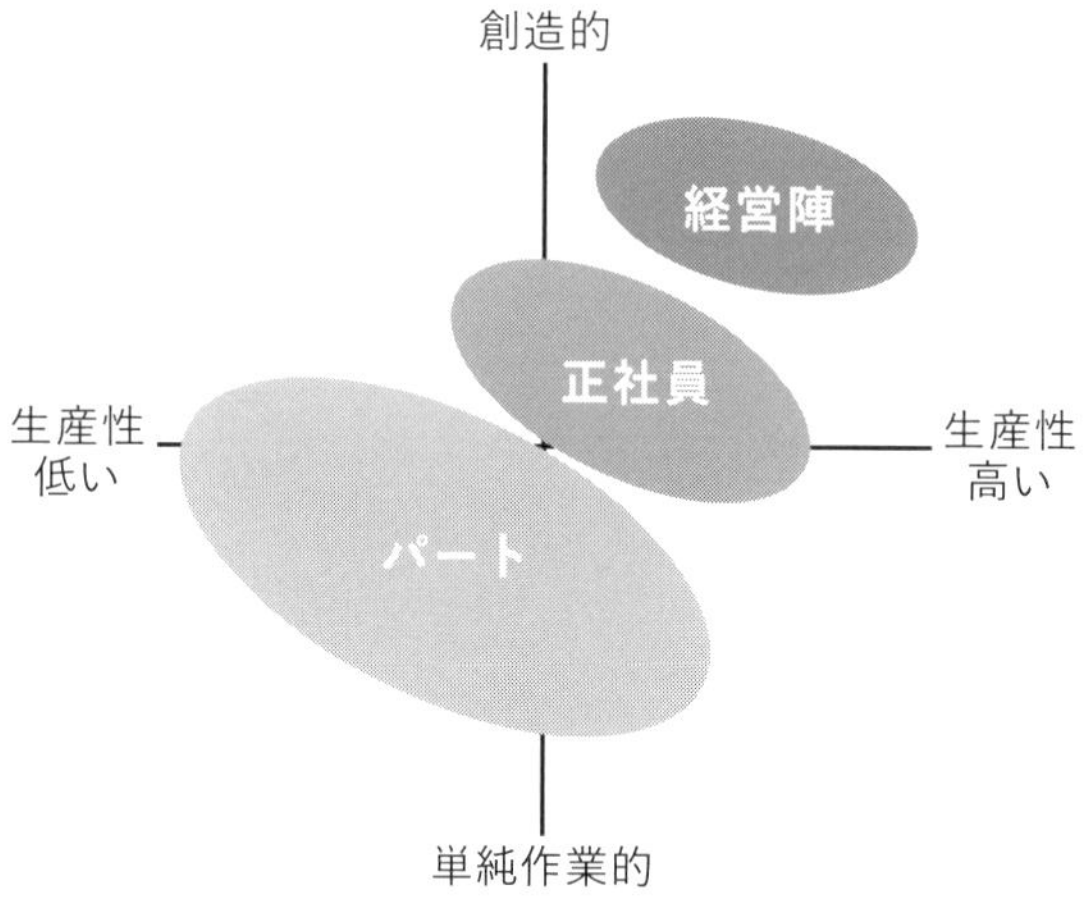

い会社になっている。
若い働き手が会社に望むことが変わってきている。以前であれば、給料が増えることが一番重要視されていたが、いまでは残業がなく、休日が増えることが一番大事というように、価値観に変化がある（**次ページ図**）。
残業を減らし、休みがとれるよう会社づくりをしないと、若い働き手には合わない。人手不足のなかで、いかに残業せず休日を減らさずに生産性を上げていくか、それが企業にとっての大きな課題となっている。
10人正社員の体制を4割パートスタッフにすると、スタッフ7名、パート5名という体制になる。手数を増やしながら人件費を下げることが実現できる。一人あたりの

会社に望むこと

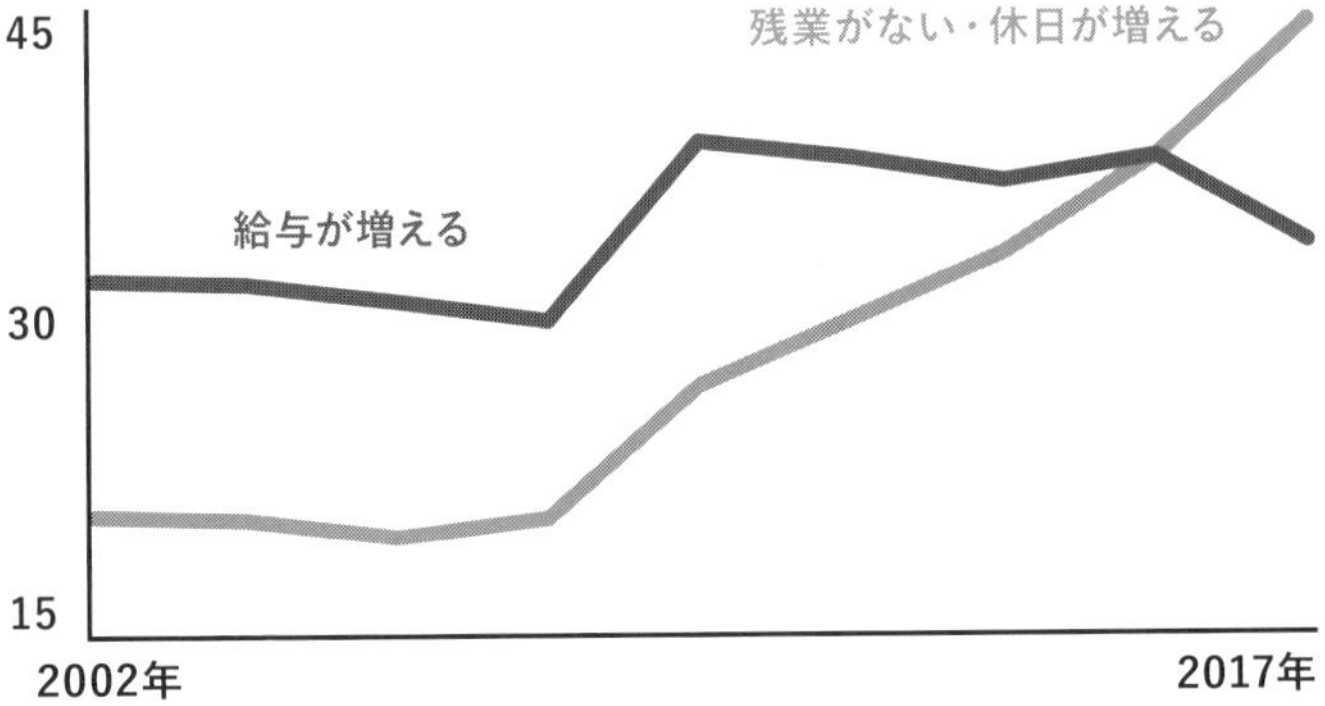

出典：「新入社員意識調査アンケート結果」三菱UFJリサーチ&コンサルティング調べ（2017年）

利益率も上がる。

●生産性を上げるにはプロセス・イノベーションが有効である

プロセス・イノベーションの６要素を実行することで、生産性は上がる。そのことについて、各要素ごとに簡単に説明しておく（**次ページ図**）。

①**商品化**：サービスをお客様に伝わるように商品化し、どのスタッフでもある程度の説明ができるようにすることで、反復継続してお客様に商品をお届けできるようにする。

②**テック化**：アナログからデジタルにシフトすることにより、効率化することが可

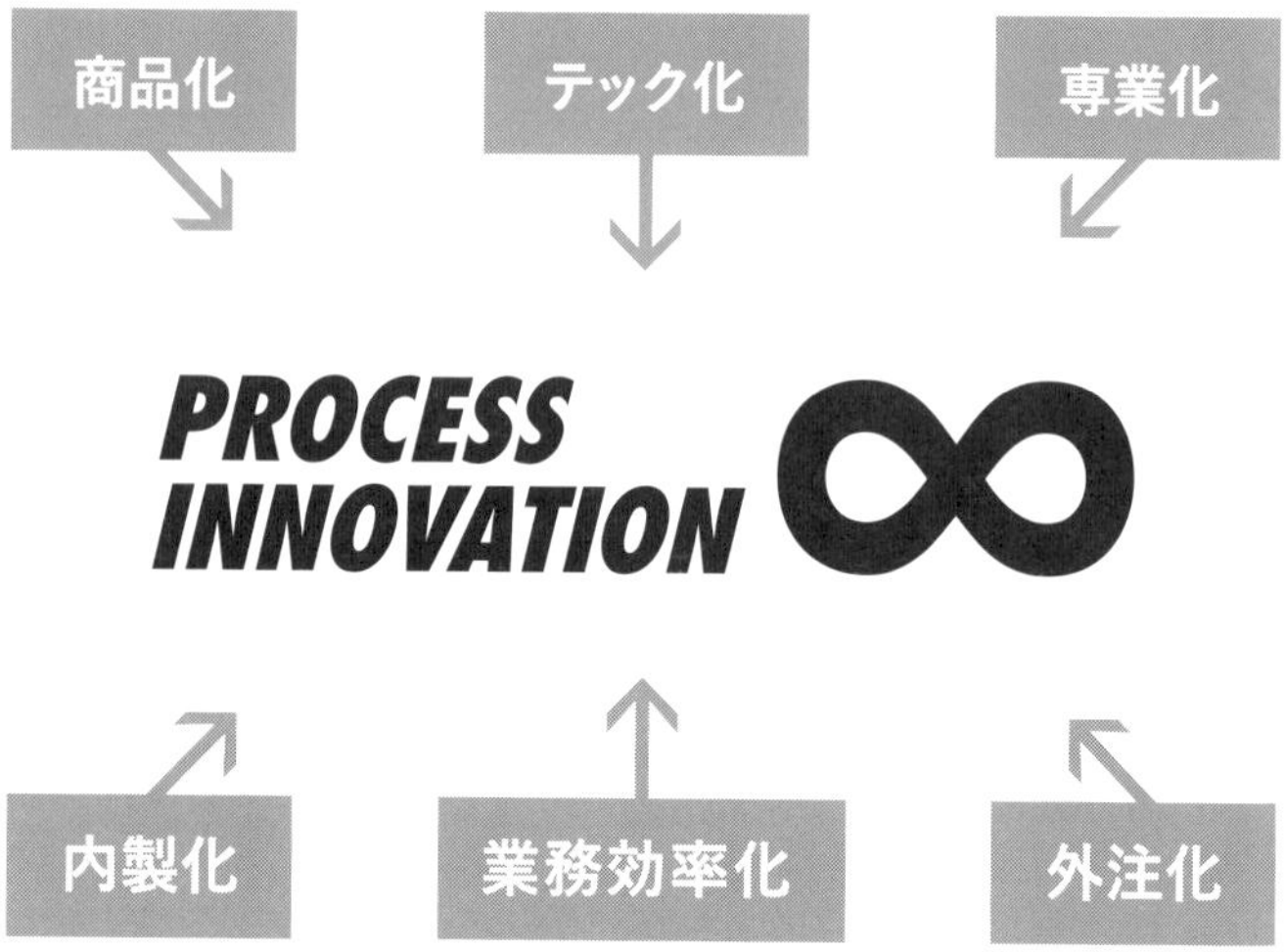

能になる。

③**専業化**：副業から専業にすることにより、効率を高める。

④**内製化**：内製化することにより、外注するよりコストダウンが可能になる。

⑤**業務標準化**：業務を標準化(ルール化)することで、スキルに左右されず、均一したサービスが実現される。スピードが上がり効率化が可能である。

⑥**外注化**：業務によっては、アウトソーシングすることで効率化が可能。クラウドソーシングで個人への外注化も簡単にできる。

人口が増えている成長期であれば、時間をかけて一人あたりの生産性を少しずつア

プロセス・イノベーションの必要性

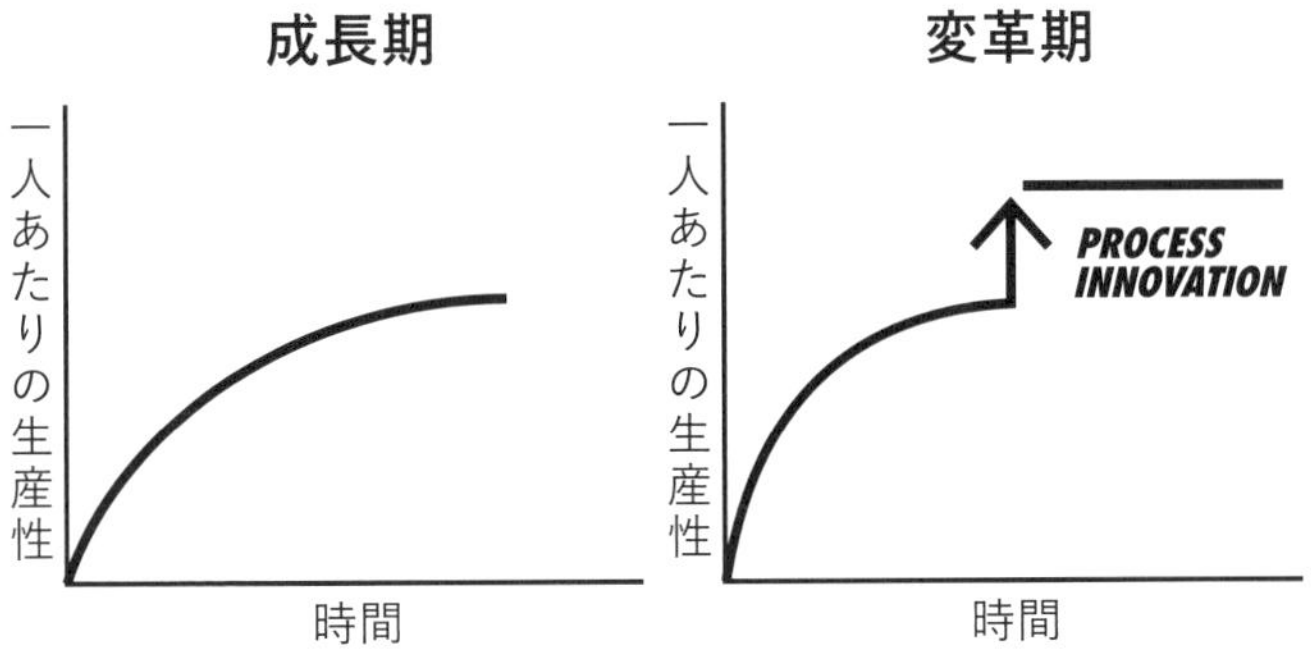

ップしていくというやり方でも問題はない。

しかし、現在は変革期ということで、さまざまなことが急激に変わってくる時代である。経済成長期のようにゆっくりと成長していく会社ではもたない。経済成長期のようにゆっくりと成長していく会社ではもたない。プロセス・イノベーションを起こすことによって、一気に生産性を上げるということが求められている。

いままでと同じようなやり方ではなく、根本的にやり方を変える、デジタルシフトを起こす、というようなプロセス・イノベーションが必要になる（**上図**）。

PART 6 アイデア発想17メソッド

43 アイデア発想手法

アイデアの発想の仕方はいくつかある。考えないとアイデアが出てこないので、考えるという習慣をもつこと。ただ闇雲に考えても、良いアイデアは出てこない。そこで、良いアイデアを生み出すヒントを列挙しておこう。

①足し算

足し算の発想。例えば携帯電話とパソコンを足して、スマートフォンをつくる。これが足し算的な発想。いまある製品を2つ足してみて、何か新しい製品ができないか考えてみる。とにかくアイデアベースでいろいろなものを足してみることによって、イノベーションが起きるということがある。身の周りを見回してみて、よくあるものでも組み合わせによって、まったく新しいものが生まれる。とにかく足してみよう。

②他業種を真似る

他業種で上手くいっていることを自分の現場に持ち込んで、置き換えてみる。すると、意外に良い商品やサービスになるアイデアにつながることがある。

時代の最先端をいく会社を真似ていくことも大事である。彼らは時代のトレンドを的確に掴んでいるから、時代の最先端にいられる。そのアイデアを盗んで、自分のものにしていく。

③あの人だったら

例えば、ドラッカーだったらどう考えるだろう、松下幸之助だったらどう考えるだろう、と考える。自分の目の前の問題について、経営の神様だったらどう考えるだろうという発想をいつももっていること。日頃からそれらの人の考え方を学んでいることで、新たなことにたどりつくことができる。

④分解

プロセスを分解して、分析してみる。細かく見ていくと、何が問題であるか欠点が見えてくる。全体を見ていてはわからないことでも、分解して細かく見ていくと、意外と問題点が見えてくることもある。もちろん大局的見方も大事だが、分析的見方も同じくらい大事である。

⑤アンテナを高く研ぎ澄ます

アンテナを高くするということは、問題意識を常にもっているということである。すると本を読んでいても、人と会話していても、テレビを観ていても、街を歩いていても、電車に乗っていても、アイデアのヒントをキャッチすることができる。アイデアのネタはゴロゴロとどこにでも転がっている。ただアンテナを立てていないから引っかかってこないだけなのだ。

⑥多種多様な考え方の人を集める

さまざまな世代の人、立場の違う人、職種の違う人などを集めて同じ問題を考えてみると、年齢、性別、立場、職種によって考えが違うことがわかる。自分では思いつかないようなことを捉えて、自分のものにしていくと、発想の幅が広がってくる。会社の中だけでなく、会社の外に出て、いろいろな立場の人の話を聞いてみよう。

⑦似たもの同士

たくさんのアイデアを整理して、似た意味のものにグルーピングして分類する手法。ブレーンストーミングで得られたアイデアを、グルーピングして整理する。共通するものは何か。さらにそれに似たものは他にないか。それは自分の身近にないか。その魅力とは何か等分析してみる。

⑧コンセプトを言語化し、ネーミングする

コンセプトを言語化することにより、人に伝わりやすくなる。アイデアが曖昧であれば言語化はできない。言語化するということは、イメージが固まっているということである。さらに、それが誰でも一瞬でわかるようにするには、どんなネーミングなら伝わるだろうか考える。良いネーミングは、そのものの本質を掴んでいなければ、不可能である。一般用語の組み合わせではなく、短く4文字以内のコンセプトが一番強いといわれる。遊び感覚でチャレンジしてみよう。

⑨ビジュアル化してみる

アイデアを形にして、ビジュアル化する。紙にラフスケッチでもいいから、とにかく描いてみる。ビジュアル化しながら考えていくことで、アイデアをまとめるスピードが上がるということがある。

⑩図形で考える

図形で考えてみる。ビジネスモデルや組織、仕組みなどを図形にしてみることで、わかりやすく理解しやすくなる。図形を活用することでより思考がまとまり、考えを伝えやすくなる。

⑪デジタルシフトを検討する

デジタルシフトを考える。最新のテクノロジーを活用することによって、これまで不可能とされていたことが可能になることがある。新しいテクノロジーの情報を普段から入れていくとともに、それを導入したら、いま抱えている問題がどのように解決するか考えてみる。

⑫お客様視点で考える

お客様の立場に立って考える。お客様に最高の体験をしていただくという視点をもってサービスを組み上げる。つい会社の立場からお客様を見てしまいがちだが、まったく逆のお客様の視点になって最高の感動を得られるサービスとは何か考える。自分がお客様だったら、どんなことをしてもらえたらうれしいか考えることにより、アイデアの領域を広げる。

⑬とにかくメモる

ふいに良いアイデアが浮かんでも、すぐにメモをしないと忘れてしまう。いつどこで、良いアイデアが浮かぶかわからない。だから常に、いつどんなところでアイデアが浮かんでも、それを逃がさないようにメモと筆記用具は必携。

⑭親情報を収集する

とにかく情報を収集する。本を読んだり、ネットサーフィンしたり、新聞を読んだり、雑誌を見たりなど、現代では情報は身近にたくさんある。とにかく取捨選択しないで集めてみる。どんどん集めて、整理しないでインプットしていくと、ある日ふいに良いアイデアが浮かぶことがあったりする。元（親）がなければ、良いアイデアも出ない。だから情報はどんどん集めよう。

⑮2×2

2×2の思考で枠組みをつくっていくと、情報整理になる。縦軸と横軸でフレームワークをつくり、情報の要素で整理することで思考をまとめることができる。

⑯仮想ライバルをイメージする

同じことを思いつく人は世界に3人はいるといわれる。もしかしたら自分と同じようなことを考えている人がいて、いままさにそれを実行しようとしている。自分が手をこまねいている間に、ライバルは先に商品化してしまうかもしれない。そう考えたら、スピードアップするしかない。そのように仮想ライバルを想定して、自分のモチベーションをあげていく。

⑰プロトタイプ（原型）

プロトタイプをつくってみる。プロトタイプをつくることで、何が問題かがわかりやすくなる。まずはアイデアからプロトタイプをつくり、それで検討してみる。最初から価値判断しないで、思い浮かんだことでプロトタイプをつくり、そこから欠点が見つかれば、どう改善するかが具体的に見えてくる。

PART 7 最強！ 実行力8メソッド

44 実行力を強化する

アイデアは、思い浮かんでも実行しなければまったく意味がない。

実行力とは、実行すること。しかし、ものごとを実行するというのは、なかなか難しい。闇雲に行動しても仕方ないが、なによりも行動しなければ現実は変わらない。

行動しやすい方法について以下にまとめておこう。

①締切効果

実行力のポイントとしては期限を切ること。期限を切らない仕事はいつまでたっても実行されない。

期限を切って仕事を依頼する。自分自身の仕事にも期限を決める。とにかく取りかかる。期日を切ってやってみる。

締切効果は、期日が迫ると、人はそこに向けて集中する。締切に間に合わせるように底力を発揮する。

②スモールスタート

スモールスタートとは、簡単にできる小さな仕事で始めて、それをクリアしたら次の仕事にかかるというもの。

小さくスタートして、自分のなかに小さな成功体験をつくる。次にそれよりもう少し大きな仕事にチャレンジする。それをクリアしたら、もっと大きな次の仕事という具合にやっていけば、やがて周りがビックリするような大きな仕事もクリアできるようになる。

③ビジョン

ビジョンを明確にする。ビジョンがはっきりしたら、それを言語化したり、ビジュアル化して人に伝えていく。自分でビジョンを語ることで、現実に近づいていく。

④楽しむ　ワクワク感

ワクワクしながら仕事をすると、あっという間に時間が経つ。逆に嫌々仕事をしていると、なかなか時間が経たないという感覚になる。仕事が楽しいと、あっという間に終わってしまう。完成したところをイメージすることによりワクワク感が高まる。

とにかくどんな仕事でも全力で取り組んで、難しいことをクリアすることで自分が成長できたことを実感する。そして次の仕事への意欲が高まり、それが仕事のワクワク感につながる、というういい循環ができる。

⑤7割スタート

なにごとも100%完成させようと思ったら、至難のワザになる。もしかすると最初の70%を完成させるのと同じくらい、最後の30%を完成させるのにパワーを使う。

アイデアをイメージして、だいたい7割できたら、とにかく完成させる。70%でもいったん完成させ、リリースしてからも修正していくようなイメージで進める。どんなアプリケーションやOSでもアップデートがあるように、常に何事もアップデートしていくことが大事である。

スピードと品質は同じくらい大事である。仮に100%できたとしても、遅くなってしまっては意味のないものになっているかもしれない。ものごとは必ず陳腐化していく。だから、永久にパーフェクトのものなどない。そうであるなら、ものごとは70%くらいでスタートさせ、必要に応じてアップデートし続けていくことが大事である。

⑥巻き込み力

仕事は一人ではできない。周りを巻き込んでいく巻き込み力が、仕事の成否のカギとなる。仕事を完成させるために、いかに周りに協力してもらうことができるか。周りを巻き込んでいける力があるかによって結果は大きく違う。

真剣に仕事に向き合うことで、必ず周りの人は助けてくれる。いかに本気で仕事をしているかで、巻き込み力は大きく変わってくる。周りを巻き込める力があるかで将来も大きく変わってくる。

⑦求める力

仕事はその人が求める高さによって、結果は自ずと違ってくる。自分や部下にも、ちょっと背伸びするくらいの目標を求めない限り、成長はできない。常に頑張ればできるギリギリラインの高い場所を目指していく仕事の姿勢により、大きく結果が違ってくる。

⑧実行する誰にも負けない想い

仕事は結論、その人の強い想いで実行できるか否かで決まってくる。誰にも負けない熱い想いがあれば、周りは絶対に助けてくれるし、必要な情報がどんどん集まり、成功へと導いてくれる。

PART 8

採用力を強化する!

45 慢性化している人手不足

2014年頃から有効求人倍率が1倍を超え、年々有効求人倍率が高くなってきている。日本全国で人手不足時代が到来し、年々さらに不足は続いている。特に大学卒業者の求人倍率が高水準となっており、2019年卒で1・88倍と驚異的数字になっている。中小企業を志望する学生の数が減少している。中小企業では大卒の求人倍率が9・91倍と約10人に1人しか採用できない倍率になっている（次ページグラフ）。不人気の中小企業にとって、大卒者を採用することは至難の技となってきている。

ライバル会社と差別化し、企業のビジョンを言語化し、ブランディングを実行し続ける

中小企業では大卒求人倍率が9.91倍

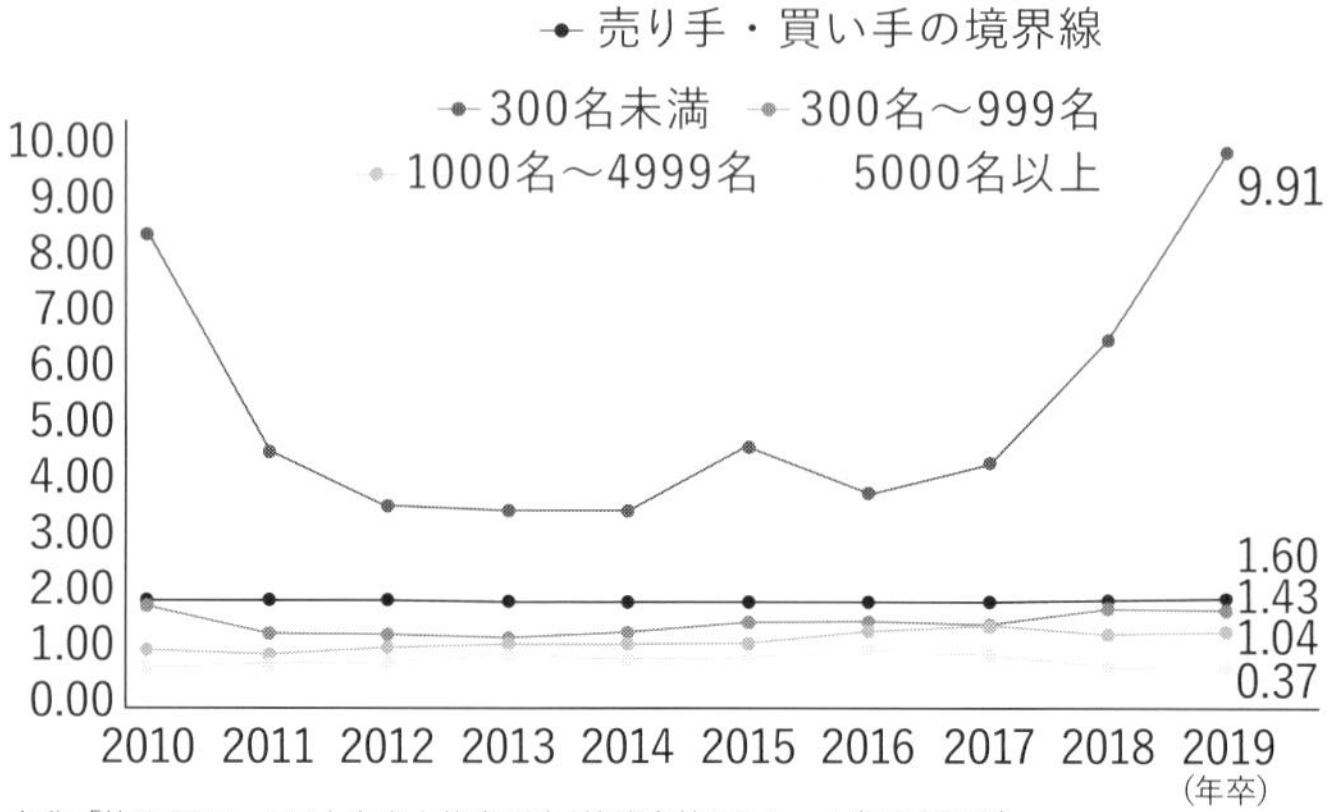

出典：「第35回ワークス大卒求人倍率調査」株式会社リクルート（2019年卒）

ことで、働き手を集めることができる。

日本全国総人手不足の時代、たくさんある企業のなかから働き手に選んでもらう必要がある。働き手から見て、条件面だけでなく、会社のビジョンや理念などを明確にし、働き手に共感してもらい、一緒に働きたいと思われるような企業づくりが必要になる。

・Webサイトの重要性

さまざまな人がWebサイトにアクセスして、会社を判断する。

顧客だけでなく就活生や働いている社員、その友人やご家族の方まで見ている**（次ページ図）**。

例えば、就活生が会社説明会を聞いて検

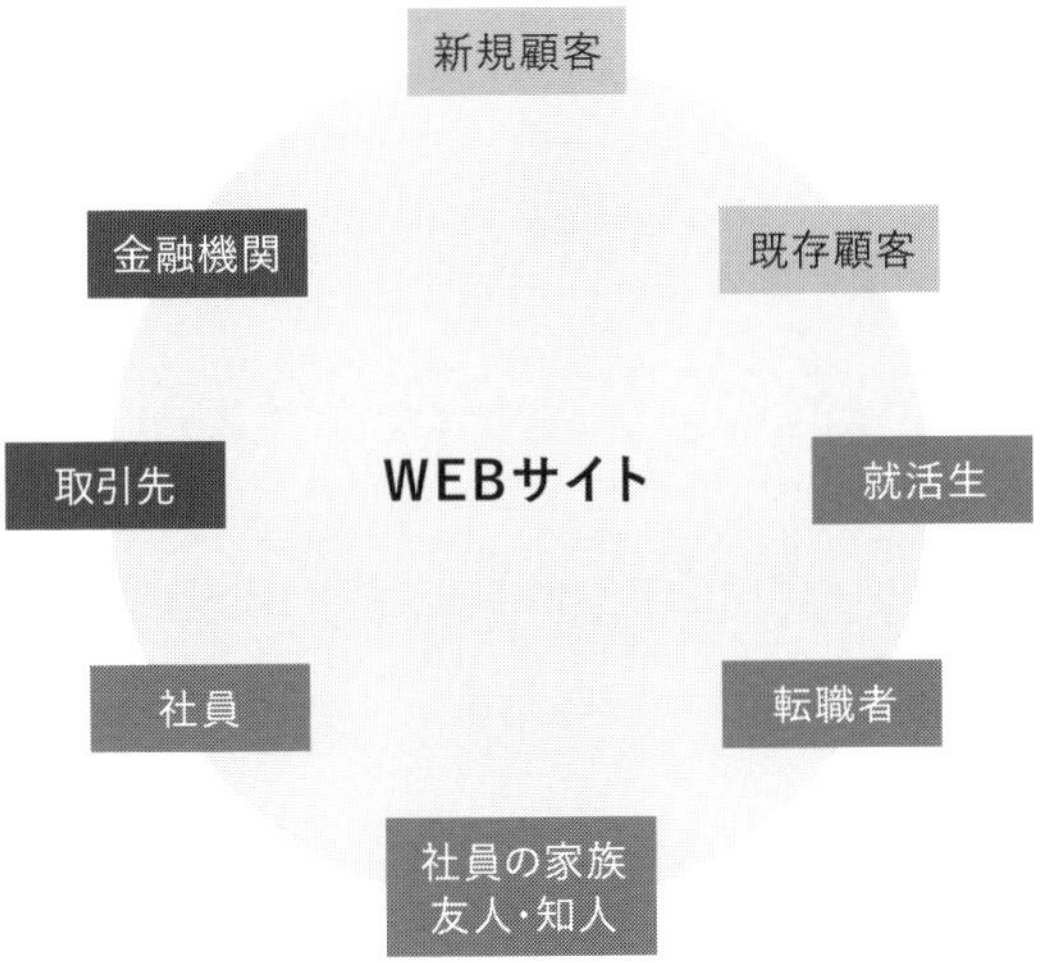

討企業に入ったとしても、その内容を家族にしっかり伝えることはできず、Ｗｅｂサイトなどで判断されてしまうこともある。

信頼性のあるＷｅｂサイトは採用活動においても大事な要素だ。

ＣＩを導入してＷｅｂサイトをつくり込むことで、ＣＩの効果もより発揮され、会社の見られ方が良くなる。

・リクルートブック

クラスコのビジョンを反映したリクルートブックをつくった（次ページ写真）。

新卒採用に訴求するためのブック。学生に届くようにするためにも、伝えたいことを言語化したり、ビジュアル化していくことが大事になる。

　ブックにすることで学校に置いていただいたり、合同説明会で配布したりと、大事なプレゼンテーション・ツールになっている。

●価値観の違い

　世代間ギャップがある。

　世代によって興味があるものが異なってくる。70代以上は食べ物、40～60代以上はお金、20～30代以上は存在意義を一番大事なものとしている（次ページ図）。

　特に若手社員は自分の存在意義、自分の所属する会社はどんな社会的は意義をもち、社会に役にたっている存在なのか、ということをとても大事にしている。

　すなわち、会社がビジョンを明確にし、

価値観の違い　世代間ギャップ

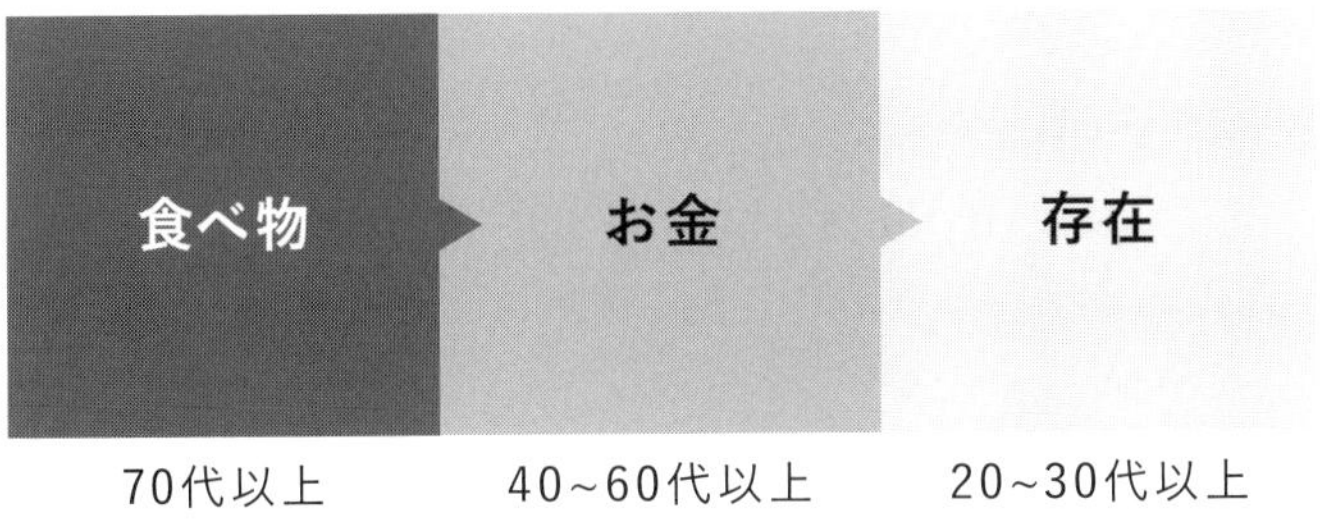

社会的な存在意義を明らかにすることで、若い世代にアピールすることができるというわけだ。

・ビジョンが伝わると志が同じ働き手が集まる

採用力を強化するブランディングは、学生と転職者がターゲットになる。

会社の商品やサービスも大事だが、会社の理念や行動規範、ストーリー、今後のビジョンに共感を得て、この会社に入ってビジョンを実現するために一緒に働きたい、と思わせる魅力がなければならない。

●採用力が上がる効果

採用力を強化することで得られる具体的

な効果には、次のようなものがある。

①ハイクラス人材の採用

②ミスマッチ人材の防止

③採用応募数の増加

経営理念や今後のビジョンをしっかりと発信することで、学生・転職者が事前に自分とマッチするかを検討することができる。その結果、採用後のミスマッチを防止し、採用・育成において大きな効率化が見込める。

さらに、会社の強みや経営者の想いを言語化して伝えること、ビジュアル・コミュニケーションで認知度を上げることで、多くの学生・転職者と接点をもてるようになる。

経営者からのメッセージ動画が、働く人を呼び寄せる。

3Vとは「Verbal（言語）」「Vocal（聴覚）」「Visual（視覚）」のこと。3Vは人の記憶に影響をもたらす。

それぞれの「V」の与える影響の割合は、次の通りだ。

Verbal…7％

Vocal …38％

Visual…55％

動画には前記の3つの「V」の情報がすべて入っており、テキスト、写真だけの場合の5000倍の情報量がある。短時間で多くの情報を伝えることができ、動画は人の心を動かすことができる。

会社のWebサイトで社長のビジョンを動画に収めておくことで、就活している新卒・転職者に対して強くアピールする。また先輩社員の声、仕事内容などを動画にしておくことで、会社の雰囲気が伝わり、選択の大きな決め手となる。

多くの企業のWebサイトでは、多くが写真とテキストのみで構成されており、動画を入れ込むことで大きく差別化することができる。

信頼性の高いWebサイトを構築することで、就職する当事者ばかりでなく、就活生の親御様やご家族がご覧になる可能性も高くなる。会社の信頼性をアピールすることができれば、就職のバックアップだけでなく、将来の優良な顧客となる可能性もある。

●教育制度が働こうと検討する人を安心させる

「どのような企業に魅力を感じるか」というアンケートに対して、就活生が「成長できる環境がある」と答えた割合が70%を超えている（「就活生の『働き方』に関する意識調査アンケート」2018・2019年卒）。就活生は「給与が高い」ということよりも、「成

長できる環境がある」ことに魅力を感じている。

クラスコでは社内大学「クラスコ・ユニバーシティ」（**上イラスト**）として、前にも述べたようにe-ラーニングシステム「きょういくん」を立ち上げている。従来の社員研修で行われてきた教育とは異なり、成長へのステップへつなげるための教育システムである。

知識や能力の取得だけではなく、次世代リーダーを育むことを目的としている。

大学の講義のように「必修」と「選択」があり、教育計画を各自の目的に応じて組み立てている。

優秀な人材を獲得するためには、「選ばれる企業」である必要がある。

社内大学をもち、優れた教育システムを構築していることにより、入社してからの自己の成長がイメージできることは、魅力的である。

●各部署のビジョンをつくり採用面接でプレゼンする

各部のマネージャーが面接を担当している。会社のビジョンを各部署に落とし込んだ各部署のビジョンをつくり、面接でプレゼンを行う。

会社全体のミッションやビジョンはWebサイトに掲載されているが、実際に働く部署ではどのような部署としてのビジョンをもっているのかは伝わっていないということで、部署の責任者によるプレゼンを行うことで採用率を上げている。

PART 9

人材育成力の強化

46 人材育成の要諦

良い人材を採用できたとしても、人材育成できるかどうかで企業の成長は決まるといっても過言でない。そのため人材育成は社内でできるようにするシステムが必要になる。

私なりの人材育成の要諦を、次にご紹介しよう。

●働いている人を理解する

人材育成では、基本的に人は変化を求めない、ということを前提に考える必要がある。

なぜ、変化しなければならないのか？——ということをしっかり理解してもらう必要がある。そのために時代の変化、顧客の変化、そして自社が変わっていく必要があることをしっかり学んで、理解してもらうことが大事になってくる。そして、改善手法の勉強や業務改善での成功事例を共有することで業務改善の仕方を学んでいく。

人は誰でも成長したいという欲求はある。そのために学習したいという本能がある。そのために、しっかり教育するシステム、学習にチャレンジする環境を作ることで、自然と学習意欲を醸成し、成長していくようになる。

●人材育成のゴール設定

人材育成のゴールを設定する。

どこをゴールにするかで、人材育成プログラムの組み方が違ってくる。「アイデアを実行できる人」をつくること。実行することが、すべてを決定する。学んだだけでは意味がない。アイデアを出すだけでも意味がない。それを具体化するために実行することが一番大事である（**次ページ図**）。

とにかく実行。アイデアを出すことは多くの人ができるが、それを実行することはアイデアを出すことよりも１００倍難しい。

決まった業務を実行していくことをないがしろにして、アイデアを出すスタッフが出

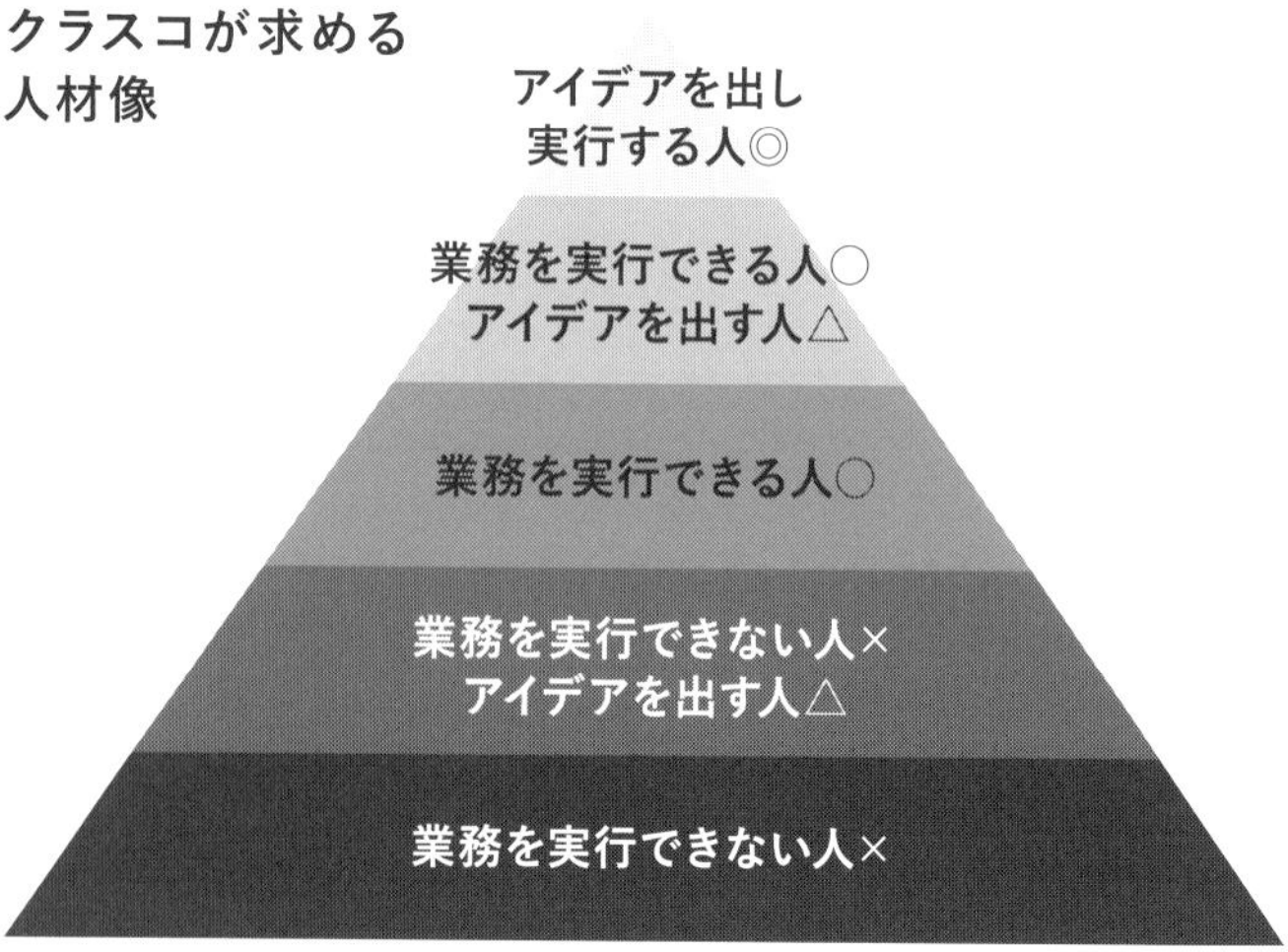

てきても困る。まず、業務実行する力をつけることがベースとなる。そのうえで、アイデアを出す人、そしてアイデアを出し、実行する人となることをゴールとする（**上図**）。

　例えば、クラスコが求める人材像は次の６つの言葉に集約できる（**次ページ図**）。

①DO

　クラスコは約束を必ず実行に移す。絵空事ではなく、愚直に一つひとつ責任を果たしていくこと。実行こそ顧客に価値をもたらすことであり、社会に変化をもたらす重要な力と考えている。

②SPONGE

　お客様満足１００％のために、まずお客

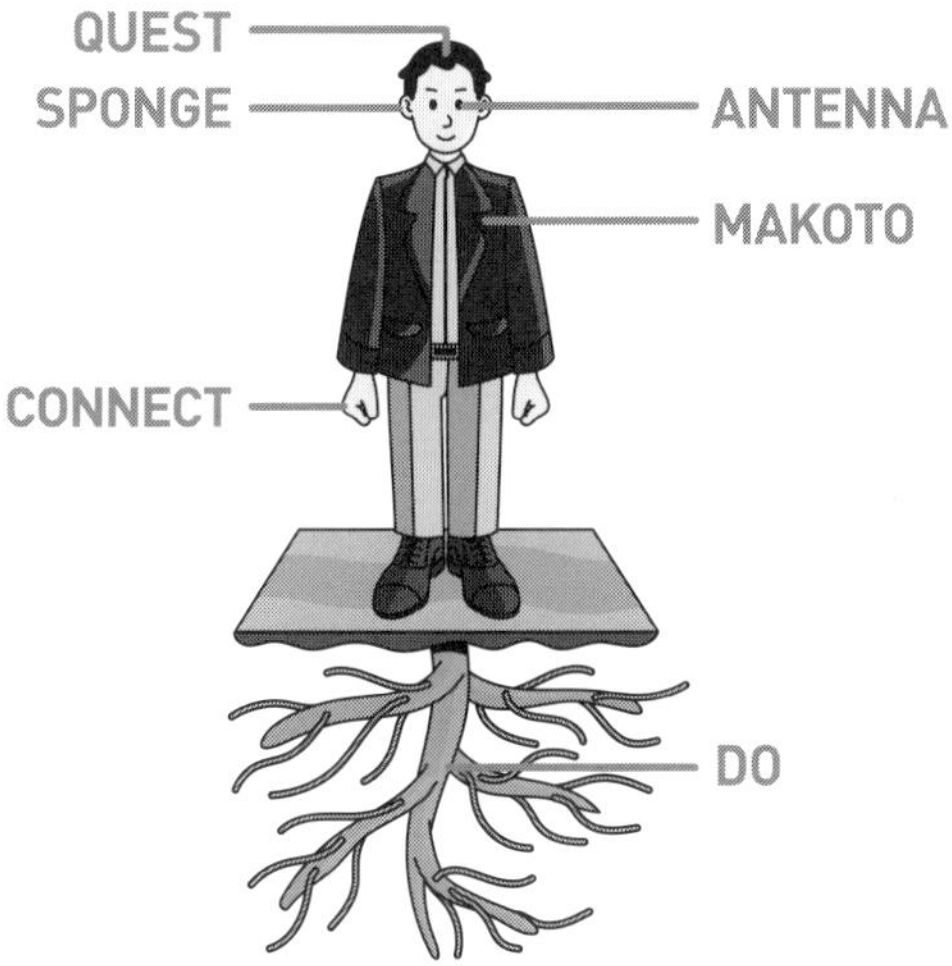

様が何を求めているのかをフィルターなく受け止める。さまざまな出会いや価値観を自分の力にし、それをまたお客様・社会へ還元できるよう、吸収力・柔軟性を組織の価値観として大切にする。

③ANTENNA

お客様から何を期待されているのか。クラスコに期待していることは何か。社会が求めていることは何か。意識を常に、自分たちの内側ではなく、外側に向けること。お客様のご要望を汲み取るにも、ビジネスをつくるにも、受信力が重要になる。

④CONNECT

仕事とは、お客様とクラスコの信頼のつらなり。一期一会のご縁を、すべて大切に紡ぎ続ける。そのために、いつ何時も、目の前の仕事に誠心誠意対応することを基本とし、全力を尽くし続ける。

⑤MAKOTO

どんなにすばらしいスキル、ビジネスモデルも、心がなければ人を喜ばせる仕事にはならない。クラスコは、一挙手一投足。すべてに「誠」の心を込めて行動する。

⑥QUEST

世の中の変化に合わせて、お客様のニーズも絶えず変化していく。現状に満足せず、もっと喜んでいただける方法はないか、もっと私たちに解決できる分野はないかと、絶えず探求し続ける。

●変化をもたらすために必要な時間と難易度

変化をもたらすためには、それなりの時間が必要となり、その時間は変えるべき対象によっても異なる（次ページ図）。

会社を変えるには、集団行動を変える必要があり、集団行動を変えるには時間も難易度も高い。

知識を与えることはいちばん時間がかからず、難易度が低い。まずは知識を与えることにより、会社を変えるきっかけづくりができる。

変化をもたらすために必要な時間と難易度

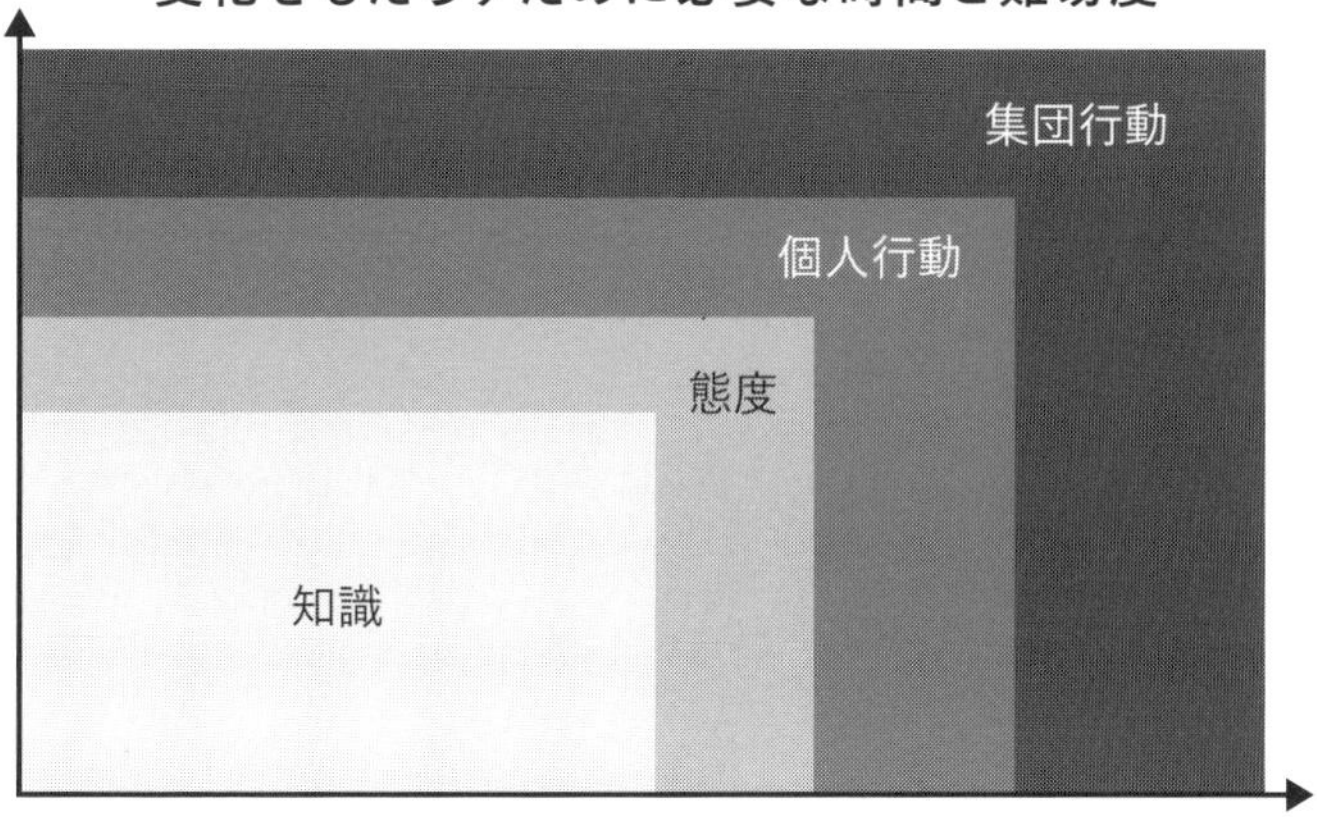

出典：ポール ハーシィ、デューイ・E. ジョンソン、ケネス・H. ブランチャード 著　山本 成二、山本 あづさ 翻訳『入門から応用へ 行動科学の展開【新版】―人的資源の活用』　生産性出版（2000）

飢餓を与えることによって態度が変わるかもしれない。態度が変わることにより個人の行動が変わる。個人の行動の集合体が集団行動ということなり、最終的には知識がきっかけとなって集団行動で会社が変わってくることにつながる。

クラスコでは、リアルの社員研修をｅ－ラーニングで行うという方向性に変えた（**次ページ写真**）。

現在、ｅ－ラーニングのプログラムは、１３００を超える教育動画となっている。入社すると、配属される部署に必要なスキルを身につけるためのｅ－ラーニングのプレイリストをいつまでに見るように総務から案内される。

動画はいつでも、どこでも、何度でも繰

【社内研修・社員教育】

【e-ラーニング】

り返し見ることができる。最大で2倍速まで早くして見ることも可能だ。また、見てもらうだけでなく、動画終了時に理解できているかの確認テストもある。80点以上取らないと、次の動画（授業）にはいけない。

管理者は、スタッフがどこまで視聴が進んでいるかも進捗管理できる。どの動画を見ているかなど、グラフで管理することができる。また視聴時間ランキングも出るようになっているので、モチベーションアップにもひと役買っている。

平均学習定着率というデータがある。講義だと定着率が5%。ラーニングでは20%。さらに定着率を高めるためにe‐ラーニングと組み合わせ、グループ討論やお互いに教え合うということを教育プログラムに組み込むことにより、平均学習定着率が大幅にアップすることができる（次ページ図上）。

●給与をあげるにはトレーニングが不可欠

まずは知ること、そして理解する、実行するというステップをとっていくことが必要になる。

企業では知っていても、理解できていても、実行しなければ意味がない。実行することをあたりまえに習慣化することが大事になってくる（次ページ図下）。

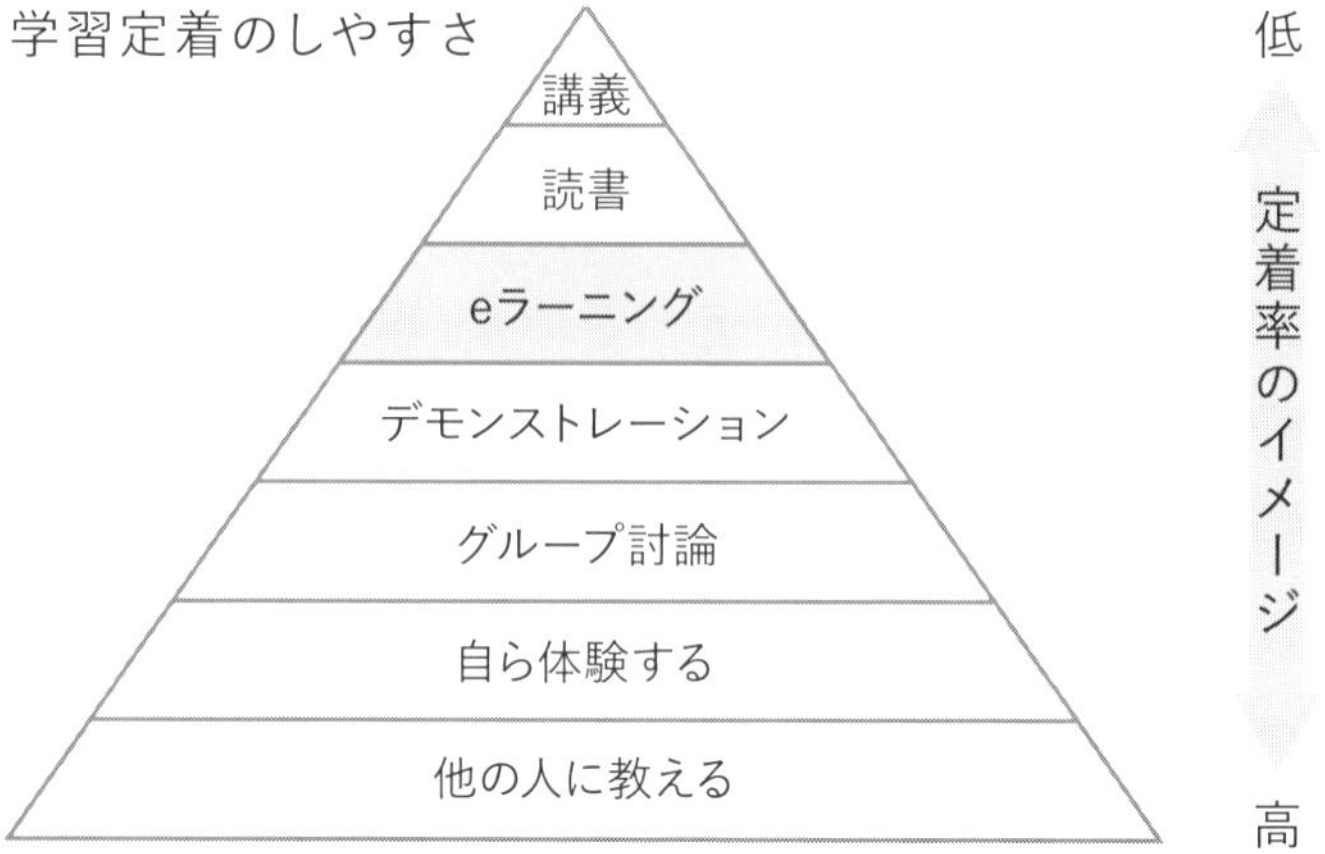

Dale, Edgar. The "Cone of Experience"『Audio-Visual Methods in Teaching』NY : Dryden Press.(1946)を参考に筆者の解釈で作成

実行ステップ

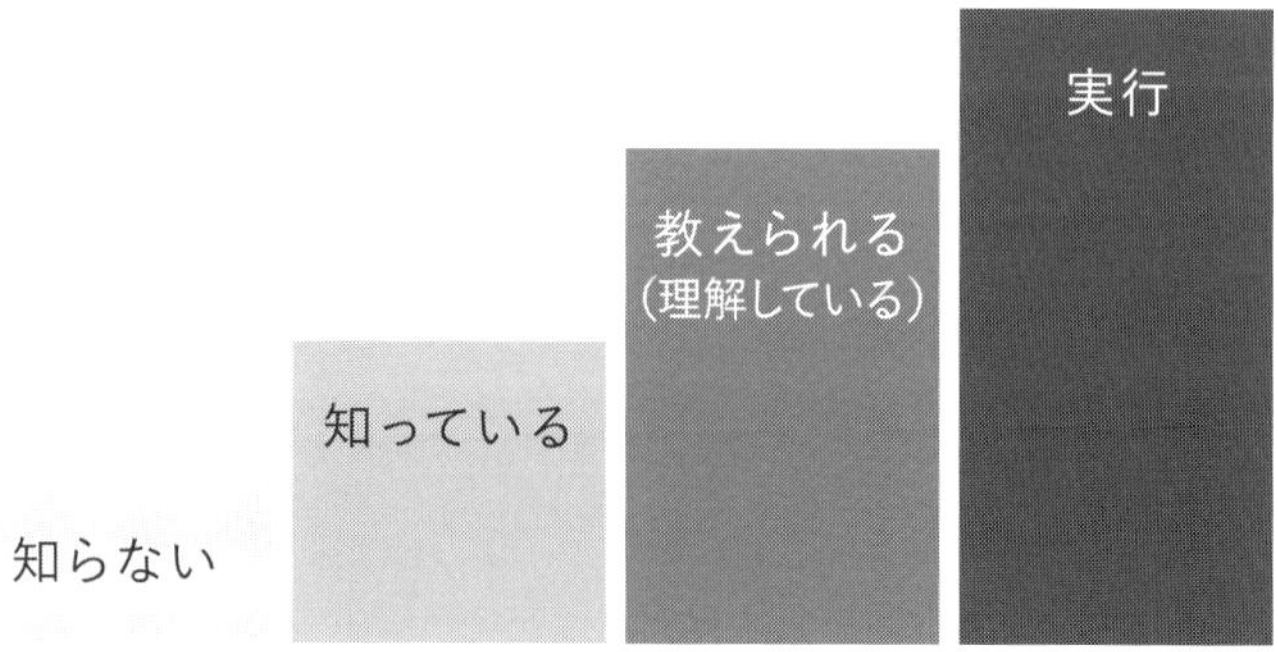

自分が主役（主語）になれるかどうかで、結果は大きく違ってくる。

他人と過去は変えられない。とにかく自分ごとにできるかどうか。誰々が悪いとか仕組みが悪いとか言っていても何も変わらない。自分が主役（主語）になり、自分で改善を実行することに視点を向けることにより、大きく未来は変わる。

・評価システム

３６０度評価を導入し、部下や上司を３６０度から評価することにより、自分では気がつかない点を気づき、改善できるような仕組みを構築している。

評価については、会社として社員にどのようなことをしてもらいたいか。何を求めるのか。それを階級別に求めること、評価基準を明確に言語化されていることが望ましい。

組織が目標達成できない理由として起こりがちな目標のずれが起きないように、すべて求めることを言語化している（次ページ図上）。

職位のグレード表をつくり、それぞれに求めることはすべてを言語化していく。そして、常に見返すことができるようにしておく。

ビジョンと教育、評価、報酬が連動することで会社は強くなり、働く社員もどこに向かえばいいかということが明確になる。

組織が目標達成できない理由

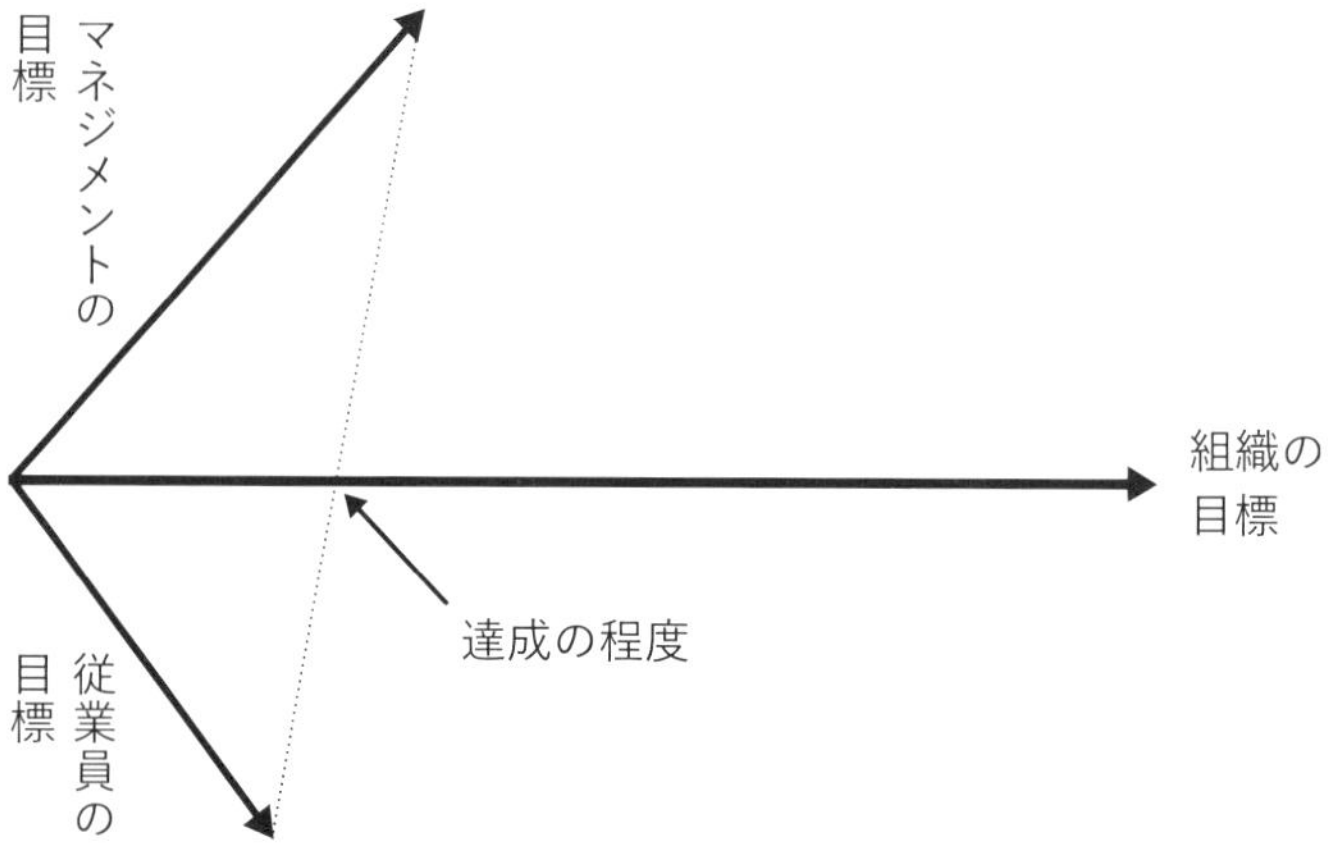

行動評価と成果評価

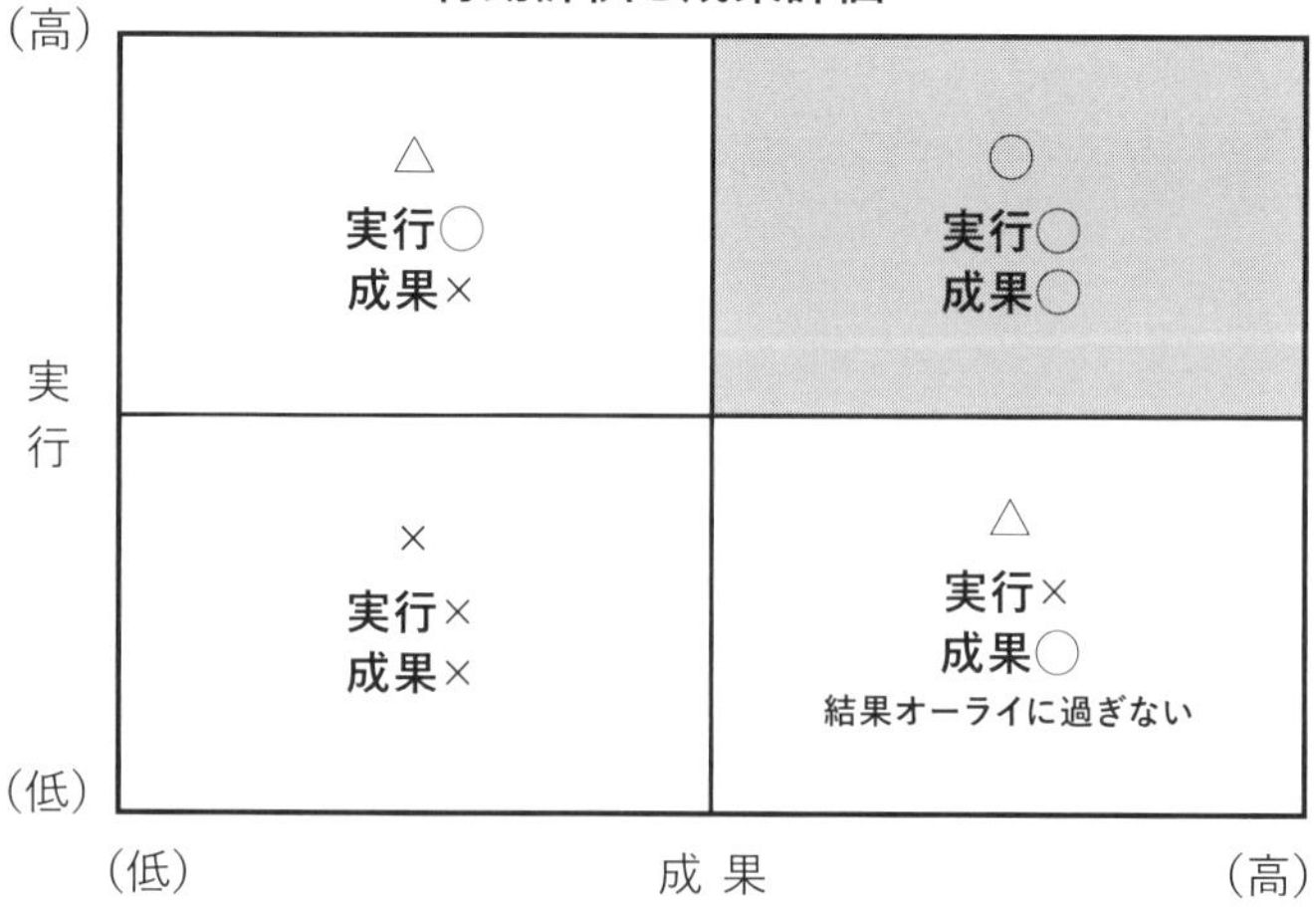

クラスコでは行動と成果の2軸を求め（**前ページ図下**）、行動評価では、やるべきことをどれだけできたか、成果評価は結果がどれだけできたか、この2軸で評価を行う。

従来であれば、やることはできなかったが、成果が出ていれば評価されているケースもあったが、これでは結果オーライであり、本質的に足腰の強い人に成長できない。

クラスコ100％ブックと連動した行動評価。それは、行動と成果が連動するように設計していること。行動することで成果が出る。徹底した実行する習慣づくりが大事になる。

PART 10 最強！仕事力5メソッド

47 仕事力で結果は大きく変わる

量と質を高めるためには、自分自身の成長が必要となる。自分の仕事力を大きく成長させることで、より多くの仕事を早く実行することができるようになる。

仕事力を高める5つのポイントを、以下に述べる。

●セルフコントロールで仕事力を高める方法

セルフコントロールは、仕事ではとても大事な要素である。セルフコントロールするには習慣づくりが一番楽に継続できる。

次の3つのメソッドが、習慣構築に役立つ。

①最強の習慣構築「IF THEN RULE」

仕事をするにあたって、いかに集中力を高く維持できるかが大事になる。そのための健康管理やセルフコントロール力で、仕事の結果が決まるといっても過言ではない。

セルフコントロール能力を高めるには、習慣を身につけることが一番簡単。良い習慣を身につけるためには「IF THEN RULE」がおすすめである。

「IF THEN RULE」――就寝前に歯磨きをする。

IF、就寝前。THEN、歯磨きをする。就寝前に無意識に歯を磨く。

このように無意識に行動することを「IF THEN RULE」と呼ぶ。

「IF THEN RULE」のポイントをご紹介する。

- IFの条件行動を決める。例えば、間食をする、歯磨きをするなど。
- THENの条件は、習慣化したい行動を紐づけする。例えばダイエットしたい場合、おやつのお菓子の誘惑に対しては、お菓子の代わりにアーモンドを食べることで置き換える。お菓子を食べる習慣を、アーモンドを食べる習慣に置き換えることは簡単。

「ＩＦ ＴＨＥＮ ＲＵＬＥ」は、習慣にしたいことを決める。そして行動に結びつけることで、簡単に習慣にすることができる。

- 判断することを少なくする。一日に使える頭の判断力は決まっているので、無駄なことはできるだけルール化することで、考えずに無意識にできるようにしていく。

②20秒ルールが習慣化に有効

私は毎日運動することを習慣にしている。その方法として、ショーン・エイカー『幸福優位の7つの法則』で紹介されている、20秒ルールが使える。

習慣化したいことがあれば、20秒以内で始められるようにしておく。

実際に私はいつでも運動ができるように、自宅の書斎と社長室にウォーキングマシン、懸垂バーをつけていて、20秒以内に運動ができるように設置してある。

ミネソタ大学の研究で、デスクワークをしながら時速3㎞程度の速さでゆっくり歩きをした場合、座っているときよりも血流が改善されて作業効率が上がることが明らかになっている。ゆっくりと歩きながら仕事をすることで、集中できる時間を伸ばすことが可能である。

逆に打ち切りたい悪しき習慣は、その習慣をする行動に移るまでを時間がよりかかるようにする。例えばスマホを見る時間を減らしたいのであれば、スマホを自分から遠ざけて取り出しにくいところに隠しておくという具合である。

非常にシンプルなことだが、習慣にしたい行動を簡単にできるようにしておくことが大事である。

③習慣化は週に4回以上が必要

ビクトリア大学の研究グループは、ジムに加入したばかりの男女111人を対象に約12週間、「ジム通いが続いた人と続かなかった人には、どんな違いがあるのか」を検証した。

結論から言うと、最もジム通いと習慣化とが相関していたのは「頻度」だった。週に4回以上ジムに行った人は、習慣になる確率が上がり、週に4回より少ない人は、習慣になる確率が下がるという結果であった。1週間のうちにジムにたくさん行くことで、12週間後、継続する確率は高くなったとのことである。

つまり、何事も習慣化にするには、週に4回以上を12週間続けるということである。

●自分の検索エンジンをつくる

「人は忘れる生き物である」――ドイツの心理学者ヘルマン・エビングハウスの発表した

「エビングハウスの忘却曲線」で示されたことである。エビングハウスは、無意味な音節を記憶し、時間とともにどれだけ忘れるかを数値化した。

そこで出た結果は次の通り。

20分後：42%
1時間後：56%
9時間後：64%
1日後：67%
6日後：75%
31日後：79%

翌日には約7割忘れる。ほとんどのことを覚えておけないということである。

自分の検索エンジンをつくることで、忘れても検索できれば解決できる仕組みを構築することをお勧めする。

その具体策として、私が実践していることをご紹介しておく。

・Evernote

私は資料や名刺などの紙類はすべてスキャンして捨てる。文字などを自動的に読み込んで検索にひっかかるようにしてはいるが、検索してもたどりつけないと意味がないので、大事な資料には検索しやすいようにタグやタイトルを入力する。

タグやタイトルづけのポイントはあとで検索するワードに辿り着けるようにしておくことが大切である。

・GoodNotes

iPadアプリのデジタルノートは本当にお勧めである。さまざまなプロジェクトを抱えていると、記録をノートにとっても整理することが難しい。しかし、デジタルノートだと、何冊もつくることができる。

プロジェクトごとやスタッフごとにノートをつくることで、メモを整理することなく記録することが可能になり。随時100冊以上のノートを管理することができる。

また検索でノートを探すこともできるので、100冊を超えても簡単に必要なノートにたどり着ける。手書きの文字も文字として認識してくれるので検索で探すことができる。

デジタルノートでお勧めな点は、ノートを拡大して書くとiPadの画面サイズの何倍も大きな用紙として利用可能。さらに、メモをコピペしたり、拡大や縮小したりすることも簡単にできる。

・Dropbox

ファイルが年々溜まってくる。パソコンに保管していると、万が一パソコンが壊れたらファイルも取り出せなくなってしまうかもしれない。Dropboxで保管しておけば、万が一のときにファイルやデータを守ることができる。

また複数台のパソコンを使用するときにも、ファイルを共有することができるので便利。とにかく保管すべきファイルはすべてDropboxに入れておくことで、必要なときに検索して使用できる。

●いつでも情報収集

変化の激しい時代、たくさんの情報を集めることも大事になる。毎日忙しい時間の中で、より効率的に情報収集するメソッドが役に立つ。

その基本的なメソッドを3つ、ご紹介しよう。

①本を自動音声で聞く

本は音声で聞くことをお勧めする。Kindle Fireなどで、自動音声で本を読んでくれるし、iPhoneでも画面の文字を読み上げてくれる。音声の速度もコントロールできるので、本を聞きながら運転したり、運動したり、お部屋の掃除をしたりと、ながら作業ができる。

その結果、飛躍的に本からの情報収集のスピードが上がる。

②電子書籍の利用

Kindle本を購入することで、自動音声で本を聞くこともできるし、たくさんの本をいつでも持ち運ぶことができる。スマホやタブレットにいつも1000冊以上入っている状態なので、ちょっとした隙間時間にも読書することができる。

③YouTubeなどの動画や音声を活用

YouTubeにはさまざまなセミナー動画や本の要約の動画などがアップされているので、自分に興味がある情報を収集するのに役に立つ。

●スマホ、パソコン・スキルを身につける

スマホやパソコン・スキルは仕事力とイコールといっても過言ではない。使えたほうが仕事のスピードが早くなる。

そのスピードアップのためのポイントを、次にご紹介する。

①フリック入力：スマホ入力は基本フリック入力がお勧め。素早く入力することができる。フリック入力は慣れないと難しく感じるかもしれないが、練習すれば意外と簡単に

習得できる。

②音声入力：最近の音声入力の精度は格段にあがっており、使い勝手もいい。運転しながら、文章を音声入力できる。メールの返信も音声入力で十分だ。音声入力に慣れてしまうと、手で入力するのがわずらわしくなる。Simejiなどの音声入力アプリも使い勝手がいい。

③単語登録：スマホやパソコンでは、よく使う単語を登録することをお勧め。頻繁に使う単語をたくさん登録することで、仕事が速くなる。

④ブラインドタッチ：スマホでいろいろできるようになったとはいえ、まだパソコンは資料作成などで絶対に必要なもの。音声入力も活用できるが、キーボード入力が必要な場面も多く、ブラインドタッチは覚えておく価値はある。

⑤ショートカットキー：パソコンのショートカットキーは覚えておくことをお勧めする。ショートカットキー活用により、より速くパソコンを動かすことができる。

●有効な会議運営を行う

会議はどこの会社でも行っているが、有効な会議ができているところは少ない。クラスコでも、会議運営をしっかりと回せる人は仕事力が高い人が多く、しっかりと会議を活かせている人は少ない。
そこで、会議を有効なものにするための4ポイントを、次にまとめた。

①目的を明確にする

会議の目的を見失って、時間をダラダラと使ってしまうことがある。この会議の目的は何なのかを、参加者全員が共有することが大事である。

②前回の決定事項を振り返る

会議を、前回決まった事項が実行されているか、チェックする場として活用する。人は翌日には約7割を忘れてしまう生き物なので、会議がその役割となれば実行する確率が高まる。

③決定事項を明確にする

会議では必ず決定事項を言語化して、誰がいつまでに何をするかを決めることが大事。これをしないで会議を終えると、結局何も実行されず、会議の時間はすべて無駄になる。

④次の会議の予定を決める

誰がいつまでに何をするかを決めたあとは、次の進捗をチェックする会議の約束をして終わるようにする。次の会議の存在が、実行を促してくれる。

そのほかテレビ会議、電話会議　チャット会議を活用すること。基本的に会議時間は30分以内とし、必要なときに電話会議やチャット会議を行い、リアルの会議は減らしていく。長い時間会議しても、短い時間の会議とそれほど結論も変わらないので、とにかく短かく予定を組んでいくことが肝心である。

おわりに

時代の変化は、確実にデジタル化を推し進めている。デジタルシフトすることで、顧客へのサービスの向上と生産性の向上は実現することができる。クラスコではデジタルシフトすることで、社員一人当たりの生産性は約2・5倍に上がった。

デジタルシフト・ボーナスという、デジタル化するだけで生産性が上がるボーナスがまだ残っている。デジタルシフトができていない企業ならば、これからデジタルシフトすることで生産性を高めることをお勧めしておく。

日本は人口減少で市場が縮小化される趨勢はいかんともしがたいものがある。このようなビジネスシーンにあって勝ち残るためには、顧客に向き合うことが最重要事項である。

デジタル化も含め、顧客体験を重視し、顧客をファン化していくことで企業を差別化して強くすることになる。顧客をファン化していくには「デザイン経営」が最も有効であることは、現に導入した者だからこそ断言できる。

まだ日本ではデザイン経営という言葉は浸透していない。

「企業ブランド」をデザインの力で向上することができる。企業のコンセプトが顧客に伝わることで、その企業は顧客から選ばれるのである。

デザイン経営によりイノベーションの起きる会社をつくり、会社を変革することが実現できている。デザイン経営を実行していくことで、良い商品が生まれ、顧客体験がより良くなっている。また社員の働き方も、もっと楽しく、健康的に働けるような環境をさらにつくっていきたいと考えている。

大事なのは実行することである。

実行できない企業はたくさんある。それらの企業がこれからの変革の時代に生き残れるのか。もし生き残りをかけるのであれば、デザイン経営は最適である。

何かしなければと考える経営者は多い。しかし、それを実行する人は少ない。実行するには、ちょっとしたコツがある。何よりも実行を習慣化してしまえば、企業は驚くほど躍進することができる。

日々さまざまな商品開発、デジタルシフト、業務改善など目まぐるしく変わるクラスコで、私と一緒に汗を流してくれる社員の皆さんにこの場を借りて感謝を伝えたい。

いまの時代に日々の経営で苦労されている経営者の皆さんに、クラスコの体験やノウハウが少しでもお役に立てたら嬉しい限りである。


最後に弊社の働き方のノウハウをまとめたＷｅｂサイト、アプリ「ワークサプリ」を更新しているので、ぜひご覧のうえ参考になさってください。

また、ベンチマークツアーも定期的に開催しているので、ぜひ金沢のクラスコに遊びに来ていただければ、歓迎いたします。

日本の中小企業で、もっと楽しく働ける環境が整い、イノベーションがあふれ、世界をリードできるような企業があふれることを願ってやみません。

２０１９年10月吉日

クラスコグループ代表　小村典弘

デザイン経営《けいえい》の実行《じっこう》

2019年12月17日　初版第1刷

著　者 ――――― 小村典弘《こむらよしひろ》
発行者 ――――― 坂本桂一
発行所 ――――― 現代書林
〒162-0053　東京都新宿区原町3-61　桂ビル
TEL／代表　03(3205)8384
振替 00140-7-42905
http://www.gendaishorin.co.jp/
カバーデザイン ――― 株式会社クラスコデザインスタジオ
本文デザイン・DTP ―― 鈴木知哉(nonburu)
本文図版・イラスト ―― 株式会社クラスコデザインスタジオ

印刷・製本　(株)シナノパブリッシングプレス
乱丁・落丁本はお取り替えいたします。

定価はカバーに
表示してあります。

ISBN978-4-7745-1833-6 C0034